Dr. Lutz ist ein verständnisvoller Hausarzt, der in seinem Praxisalltag schon so manche Überraschung erlebt hat.

Was sich jedoch an Schwierigkeiten, ja sogar Gefahren hinter einem einfachen Hausbesuch verbergen kann, hätte auch er nicht geahnt.

Ein Unfall mit tödlichem Ausgang scheint sich als Mord zu entpuppen.

Dr. Lutz folgt seinem Instinkt und seine privaten Recherchen fördern tatsächlich ungeahnte Ergebnisse zu Tage, die das Leben aller Beteiligten für immer verändern.

Dr. Lutz ermittelt

Nebenwirkung Mord

Gottfried Teichner
Rheinlese Verlag

Selztalstraße 80
55218 Ingelheim
Fon: 0 61 32 / 36 73
rheinleseverlag@aol.com

Titelphoto, Umschlaggestaltung & Satz:
www.zeitmeer.de

Herstellung:
Arnold Blaschczyk
info@direktwerbung24.de

ISBN 3-9808820-5-5

Montagmorgen

„Mein Schwiegersohn issen Schweinehund“, führte Erna voller Inbrunst aus, während sie mir verschmitzt zuzwinkerte, als verrate sie mir damit ein großes Geheimnis. Da sie jedoch eine meiner treuesten Patientinnen war und mich beinahe jeden zweiten Tag konsultierte, waren mir ihre Theorien bezüglich ihres Schwiegersohns nur allzu vertraut.

„Er klaut mir mei ganzes Geld. Isch hab doch bei soner Lotterie zwanzigdausend gewonne, das ham die mir jeddefalls geschribbe, dass mer des gewinne kann. Un dann wollt se mir nen Brief zuschicke. Abber der iss nit angekomme, un gestern war der Postbot da, der gutaussehende. Mei Schwiegersohn war zuerst am Briefkaste, un hinnerher war nix für misch drin.“

Ich lächelte ihr aufmunternd zu. Eine Erwiderung war überflüssig.

„Un dann wollt der misch doch glatt wegschließe lasse. Da war sone junge Fraa, die war eischendlich ganz höflisch, abber die war gekomme, um misch abzuhole. Isch hab ihr die Dür vor de Nas zugeschlaache. Des war een Geschrei! Alle dachte, die Nas sei gebroche. Dann hat misch de Schweinehund gezwunge, se doch reizulasse. Un glaube Sies, Herr Doktor, er hat ihr erzählt, isch hänn ne Pistol in maane Kleiderschrank! Die hat er da roi getaa, damit se misch abhole!“

Aufgrund ihrer beinahe völligen Taubheit sprach sie so laut, dass sowohl das Vorzimmer, als auch das Wartezimmer mittlerweile vollständig im Bild sein mussten. Mit ihrem festen Griff, der mich stets von neuem überraschte, packte sie mich am Kittel und zog mich zu sich heran. Sie beugte sich an mein Ohr, und ich glaubte, die Trompeten zu hören, die Jerichos Mauern zum Einsturz gebracht hatten, als sie losschrie. Zweifellos war sie der Meinung, ihre Stimme gedämpft zu haben.

„Isch glaab, der will misch vergifte“, trompetete sie wie ein wild gewordener Elefant in mein Ohr. Ich entschied, dass es an der Zeit war zu reagieren, bevor die übrigen Patienten im Nebenzimmer unruhig wurden. Vergiften ist in einer Arztpraxis immer ein etwas heikles Wort.

„Nein“, brüllte ich so laut wie möglich.

„Hä?“, machte sie, „Sie müsse e bissje lauder redde, isch hör nämlich nit mehr so gut und mei Hörgerät iss kaputt.“

„Nein“, tatsächlich gelang es mir, meine Lautstärke noch zu steigern, „ich glaube nicht, dass er Sie vergiften will“. In Wahrheit war ich mir da gar nicht so sicher.

„Hä?“, machte sie wieder. Ich begriff: Heute war mit Worten, egal welcher Lautstärke, nichts zu erreichen. Ich hob die vorbereitete Spritze und winkte einladend damit, während ich ein breites Grinsen auf mein Gesicht zauberte.

„Isch hoff, des iss die gut Spritz, die für die Durschblutung.“

„Na klar“, brüllte ich, mittlerweile im Gesicht leicht gerötet, zurück.

Erna begann daraufhin mit ihren Kleidungsstücken zu kämpfen, was sich aufgrund ihrer fortgeschrittenen Arthrose als durchaus schwierig erwies. Doch zählten Beharrlichkeit und Durchsetzungsvermögen zu ihren besonderen Stärken, so dass es nicht lange dauerte, bis ich freie Bahn hatte und meine Spritze setzen konnte, wobei Erna wie üblich nicht die geringste Regung zeigte. So schnell wie die Nadel drin gewesen war, zog ich sie auch wieder heraus und klebte, schon halb abgewandt, ein Pflaster auf die Einstichstelle. Zum Beweis meiner getanen Arbeit fuchtelte ich mit der leeren Spritze vor Ernas Gesicht herum. Ein breites Lächeln überzog ihr schmales, schlaues Gesicht.

„Was, wir sinn schon fertisch, heut hab isch abber gar

nix gemerkt." Sie hustete kurz. „Dann simmer ja fertisch", bekräftigte sie noch einmal.

„Gott sei Dank", flüsterte ich so leise und heiser, dass ich meine eigene Stimme kaum wahrnahm.

„Was hatten Gott damit zu tun?", grinste mich Erna an, und zum wiederholten Male musste ich feststellen, dass das menschliche Gehör und vor allem das ihre um ein vielfaches subtiler und selektiver zu arbeiten in der Lage war, als man sich dessen gemeinhin bewusst war.

„Hamse noch was für de Schwindel? Moschens bin isch immer so doll im Kopp."

Ich öffnete meinen Arzneischrank und suchte nach etwas, das ihr garantiert nicht schaden würde. Ein Fläschchen mit Ginkgo fiel mir in die Hand. „Hier", brüllte ich, „das ist das Stärkste, was es gegen Schwindel gibt. Also immer nur ein paar Tropfen. Auf keinen Fall mehr als zwanzig auf einmal."

„Un für de Schleim?" Sie schnaubte demonstrativ in die Hand und röchelte zur Bekräftigung noch ein paar Mal heftig. Ich zauberte daraufhin ein wenig Acetylcystein aus meinem Wunderschrank.

„Das sind Brausetabletten", meine Stimmbänder fühlten sich mittlerweile an, als hätte ich zwanzig Zigaretten in Kette geraucht. „Die sind ganz phantastisch. Die nehme ich selbst. Da ist der Schleim in ein, zwei Tagen weg."

Während ich brüllte, näherte ich mich gleichzeitig der Tür, um ein wenig Aufbruchstimmung zu generieren, und tatsächlich - kaum hatte ich es zu hoffen gewagt - griff Erna nach ihrem Spazierstock und hängte ihn sich über den Arm. Dann nahm sie meine Hand und hielt sie fest umklammert. Ich fühlte mich, als sei ich in einen Schraubstock geraten.

„Mit Ihne kann isch immer so gut redde", sagte sie, und ich fühlte mich allen Schmerzen, die sie mir zufügte, zum Trotz geschmeichelt.

„Auf Wiedersehen", brüllte ich.

„Auf Widdersehn", erwiderte sie. Damit hatten wir uns meiner Meinung nach hinreichend verabschiedet, doch noch immer hielt sie meine Hand umklammert. Mit eisernem Griff zog sie mich wieder zu sich heran.

„Des hätt isch ja beinah vergesse, Herr Doktor. Habbe se eigendlisch schoo gehört, dass der Thon Daniel gestorbe iss, jetzt am Wocheend, heut mosche stands in de Zeidung. Der war doch aach Patient bei Ihne."

Einen Augenblick musste ich in meiner Erinnerung suchen. „Daniel Thon?", fragte ich dann verwundert, „der Daniel Thon, der junge?" Zugegebenermaßen war meine Beschreibung nicht gerade detailliert, doch Erna störte sich nicht daran, sondern nickte eifrig.

„Woran ist er denn gestorben?", fragte ich. „Hatte er einen Verkehrsunfall?"

Sie schüttelte den Kopf. „Erfrore isser, einfach erfrore!"

Hausbesuche

Lange vor Sonnenaufgang hatte ich meine ersten Hausbesuche absolviert, und jetzt, da ich im Begriff war, den offiziellen Arbeitstag mit weiteren Hausbesuchen abzuschließen, war die Sonne bereits seit Stunden versunken. Nicht dass es beim derzeitigen Winterwetter einen großen Unterschied gemacht hätte. Es war eine reine Frage der Psychologie. Den Tag in Finsternis zu beginnen und in Finsternis zu beenden, hatte für mich etwas Niederschmetterndes.

Eisiger Wind schlug mir entgegen, als ich, in eine dicke Daunenjacke eingepackt, die Praxis verließ. Hinter mir erloschen die ersten Lichter. Andrea, die diese Woche Spätdienst hatte, war dabei, die letzten Überreste des Arbeitstages zu beseitigen, während ich meinen Arztkoffer und mich bibbernd in den Golf quetschte. Noch drei Hausbesuche, dann würde auch dieser Arbeitstag ein gnädiges Ende finden.

Als erste lagen „Riedheimers" auf meiner Route. Vor gar nicht allzu langer Zeit waren Gisela und Paul, die beide auf die fünfzig zugingen und bis dato kerngesund waren, noch zu mir in die Praxis gekommen. Doch bei einer Nachuntersuchung, weil der Husten nach der letzten Bronchitis gar nicht hatte aufhören wollen, hatte ich vor wenigen Wochen auf Pauls Lunge ein Geräusch gehört, dass dort nicht hingehörte. Röntgenbilder und Computertomographie bestätigten meine Befürchtungen. Dreißig Jahre intensives Rauchen rächten sich nun. Der Tumor war so weit fortgeschritten, dass es keinen Sinn mehr machte, eine Therapie einzuleiten. Man hatte Knochen- und Gehirnmetastasen gefunden, die Prognose war infaust.

Ich hatte versucht, ihm alles zu erklären und völlig offen mit ihm gesprochen, aber ich hatte den Eindruck, er hatte bisher nicht begriffen oder begreifen wollen, dass für ihn in

Kürze der Vorhang unwiderruflich fallen würde. Das war nun drei Wochen her, und jetzt lag er im Sterben. Seit einer knappen Woche konnte er nicht mehr aus dem Bett aufstehen, und mit der Luft wurde es von Tag zu Tag schlechter. Ebenso mit den Schmerzen. Dennoch fragte er mich immer wieder, ob ich ihn nicht heilen könne. Alles was ich tun konnte, war, ihm Morphium zu spritzen, damit er nicht mitbekam, wie elend er zugrunde ging.

Heute, gegen vier Uhr, hatte seine Frau Gisela in der Praxis angerufen, da sein Zustand sich offensichtlich dramatisch verschlechtert hatte.

Rutschend brachte ich mein Auto vor ihrem Reihenhaus zum Stehen. Ich schnappte mir den Koffer, stieg vorsichtig aus und vollführte einen Eiertanz über Schnee und Eis. Auf ihrem Parkplatz vor dem Haus stand ein großer, nagelneuer Mercedes, der mir zuvor bei meinen Besuchen nie aufgefallen war. Nachdem ich geklingelt hatte, wartete ich zitternd auf der Treppe, doch zum Glück öffnete Gisela rasch die Tür.

Sie wirkte unruhig und gereizt, was angesichts der Situation nur allzu verständlich war, jedoch im Gegensatz zu ihrer schweigenden Hoffnungslosigkeit der letzten Tage und Wochen stand.

„Ich weiß nicht, was ich noch machen soll“, sagte sie, während sie mich durch die Diele zum Schlafzimmer führte. „Ich kann bald nicht mehr. Ich weiß nicht, wie das weitergehen soll! Die Leute von der Sozialstation kommen einmal am Tag, aber das ist nicht genug. Ständig ihn drehen, das Bett saubermachen, ihn säubern, ihn über die Magensonde füttern, ich kann das nicht mehr! Und seit heute Nachmittag reagiert er kaum noch. Deshalb habe ich angerufen. Er röchelt und manchmal setzt die Atmung aus.“

Als ich Paul im Bett liegen sah, erschrak ich, obwohl ich ja auf das, was mich erwartete, vorbereitet war, vorbereitet hätte sein sollen. Damit, dass sein Zustand sich so rasch verschlechtern würde, hatte ich jedoch nicht gerechnet. Ich war mir nicht sicher, ob er mich überhaupt wahrnahm. Wahrscheinlich waren seine Gehirnmetastasen geradezu explodiert. Die Haut spannte aschfahl über den Gesichtsknochen, und sein Atem ging schwer und rasselnd.

Ich setzte mich zu ihm auf das Bett, berührte seinen Arm. Ich sprach mit ihm, erzählte irgendetwas, dass die Schmerzen aufhören würden, sobald ich die Spritze gesetzt hätte, dass es mit der Luft besser würde, und so weiter und so fort. Dabei setzte ich die dünne Nadel auf die Spritze und zog das Morphium auf. Während ich eine Hautfalte fasste und das Medikament injizierte, fragte ich, um meinen hilflosen Wortfluss nicht abreißen zu lassen, wem der neue Mercedes, den ich heute das erste Mal vor ihrem Haus hatte stehen sehen, gehörte. Paul reagierte nicht; es war fraglich, ob er mich überhaupt verstanden hatte; dafür antwortete allerdings Gisela.

„Uns", sagte sie und ihre Stimme klang plötzlich schrill in meinen Ohren. „Dieser Schwachkopf", es dauerte einige Zeit, bis ich begriff, dass sie von ihrem Ehemann sprach, „hat doch tatsächlich vor zwei Monaten noch einen Mercedes bestellt. Fünfzigtausend hat das Ding gekostet. Jahrelang hat er dafür gespart, hat sich abgerackert. Und was soll ich denn jetzt damit? Ich hab doch keinen Führerschein. Völlig sinnlos! Ich kann damit nichts anfangen. Aber er musste ihn ja unbedingt haben. Fünfzigtausend! Was könnte ich jetzt alles dafür kaufen. Ich könnte eine Reise machen. Nein, ein Auto musste es sein! Ich bin wirklich geschlagen."

Sie holte kurz Luft. „Ich hab noch zu ihm gesagt", fuhr sie dann fort, „lass uns verreisen. Nein, er wollte das Auto. Wär doch besser gewesen, er hätte noch mal was erlebt, sag doch mal, wär doch besser gewesen, oder? Jetzt muss er ohnehin sterben. Oder wir hätten das Geld behalten, dann wüsste ich schon, was ich damit tun würde." Ihr Gesicht rötete sich bedenklich - ich war mir nicht sicher, ob aus Zorn oder aus Trauer. Ich erhob mich und packte meine Utensilien wieder ein. Knackend schlossen sich die Schnallen des Koffers.

„Ich muss", sagte ich. Ich drückte Paul die Hand und strich über seine Stirn. „Wenn irgendwas ist, melde dich", empfahl ich Gisela. Sie begleitete mich zur Tür. „Vielen Dank, dass du gekommen bist", sagte sie. Sie sah mich an. „Es wird nicht mehr lange gehen, oder?", fragte sie dann. Ich zuckte mit den Schultern.

„Das weiß keiner", entgegnete ich, „aber ich glaube, es handelt sich nur noch um Tage."

Sie nickte. „Das habe ich mir gedacht." Einen Augenblick herrschte Schweigen.

„Komm gut nach Hause bei diesem Wetter", sagte sie dann.

„Ich pass auf", erwiderte ich.

Und kein Ende

Eine letzte Adresse stand für heute noch auf meinem Plan. Es handelte sich um eine neue Patientin. Soweit Andrea, meine Arzthelferin, mir berichtet hatte, ging es um eine psychische Dekompensation. Hinter dieser Diagnose konnte sich jedoch alles verbergen. Der Hausbesuch konnte genau so lange dauern, wie ich brauchte, meine Valiumspritze in ihrem Po oder ihrer Vene zu platzieren, er konnte aber auch in eine stundenlange Gesprächstherapie ausarten. Mittlerweile jedoch hatte ich einen Punkt erreicht, an dem es mir beinahe egal war.

Der zweite Hausbesuch hatte mich nämlich zu Fr. Schneider geführt, die, wie so oft, wegen ihrer unerträglichen Kreuzschmerzen nicht in die Praxis hatte kommen können. Die Schmerzen waren ja noch recht einfach zu behandeln gewesen. Darüber hinaus jedoch litt sie an einem der schlimmsten Fälle von Logorrhoe, der mir jemals untergekommen war. Sie redete ohne Punkt und Komma, von ihrer Heimatstadt Landshut, von ihrem Bastelkränzchen, vom Kegeln, vom Weihnachtsbasar, und das Ganze noch einmal von vorn. Sie berichtete ausführlich von ihrem selbstgehäkelten Topflappen, von ihren Nussplätzchen, von den Prostataproblemen ihres Mannes, vom dreißigjährigen Krieg. Das Schlimmste aber war, dass ich alles, aber auch alles, was sie mir erzählte, hätte mitsprechen können; so oft hatte ich es bereits gehört.

Immer wieder hatte ich versucht, gegen die Flut ihres Redeschwalls die Ausgangstür zu erreichen, hatte mich mühselig Zimmer um Zimmer vorgearbeitet, war sogar bis in die Diele gelangt, nur um von dort aus ins erste Stockwerk abgedrängt und umgeleitet zu werden.

Als sie mich endlich unerwartet und gnadenhalber aus

ihren Fängen entließ, fühlte ich mich wie durch die Mangel gedreht. Mühsam schleppte ich mich zu meinem Auto, nachdem die Verabschiedung auf der Schwelle ihrer Haustür noch einmal eine Viertelstunde beansprucht hatte.

Während ich durch Alt-Kostheim fuhr, entschied ich, dass ich endlich das Fortbildungsseminar „Selbstbehauptung für Ärzte, oder wie lerne ich Nein zu sagen" besuchen würde.

Obwohl das letzte Ziel in einer jener Straßen des Kostheimer Ortskernes lag, die keine Namen hatten und sich kaum breiter als größere Fußwege zwischen zum Teil baufälligen Häusern hindurchschlängelten, fand ich endlich doch die gesuchte Adresse.

Ich befand mich hier unweit der einzigen in dieser Gegend ansässigen Industrie. Auf dem etwa dreihundert Meter weiter in Richtung des Mains gelegenen Fabrikgelände wurden Toilettenpapiere hergestellt. Bei Ostwind legte sich der Geruch der diesbezüglichen Fertigungsprozesse penetrant und unwiderstehlich über die ganze Umgegend.

Einige Augenblicke blieb ich erschöpft im Wagen sitzen und betrachtete mir die Bauten der Fabrik. Aus einem der hohen Schlote, der etwa bis zur halben Höhe zur Verschönerung in Pastellfarben gestrichen war, stieg weißer Dampf in den Winterhimmel. Fahle Lichter hoben einige Gebäudeteile aus dem sie umgebenden Grau heraus.

Seufzend gab ich mir einen Ruck, schnappte mir meinen Koffer und machte mich auf den Weg. Ein eisernes Tor, das nur angelehnt war, führte zu dem Abstellplatz eines Autos, der sich zu einem kleinen Hof erweiterte. Rechter Hand stiegen drei Treppenstufen zur Haustür an, neben der der Name Thon auf der Klingel stand. Der hohe Ton der Türglocke war noch nicht verklungen, da wurden drinnen schon Schritte laut, feste gleichmäßige Schritte, und die Tür schwang auf. Vor mir stand eine junge, groß gewachsene

Frau in Sweatshirt und Jogginghose. Sie mochte wohl um die fünfundzwanzig Jahre alt sein.

„Dr. Lutz", stellte ich mich vor.

„Thon", erwiderte sie, „Sylvia Thon, ich habe Sie schon erwartet."

Ich war mir nicht ganz sicher, ob sie mit diesen Worten einfach nur eine neutrale Feststellung traf, oder ob nicht doch in ihrer warmen, tiefen Stimme ein leiser Vorwurf mitklang, weil ich so lang gebraucht hatte, um ihr zu Hilfe zu eilen.

„Kommen Sie bitte." Sie führte mich durch einen schmalen Flur, an dessen Wänden Kinderzeichnungen und Photos von Personen hingen. Das Wohnzimmer, in dem sich ein blaues Sofa und zwei Sessel um einen niedrigen Couchtisch gruppierten, war in das gedämpfte Licht einer herabgedimmten Deckenlampe getaucht.

Ich stellte den Koffer ab und klappte ihn auf. „Was kann ich für Sie tun?", fragte ich.

Die junge Frau fuhr sich mit der Hand über Stirn und Augen, und mir fiel jetzt auf, dass ihre Augen gerötet waren - so, als habe sie geweint.

„Ich hoffe, dass Sie etwas für mich tun können", sagte sie, „ich habe die letzten zwei Nächte nicht mehr geschlafen. Ich bin völlig fertig. Mir ist übel und schwindlig, und ich kann nichts mehr essen. Ich brauche irgendetwas zur Beruhigung."

„Haben Sie Fieber oder irgendwo Schmerzen?", fragte ich. Sie verneinte.

„Haben Sie denn eine Vermutung, woher Ihre Beschwerden rühren? Hatten Sie denn viel Stress in letzter Zeit im Job oder privat?"

Sie schluchzte leicht auf.

„Stress? Nein, nein, das ist es nicht! Ich dachte, Sie wüssten Bescheid. Ich... Daniel..."

Sie verbiss sich das Schluchzen auf ihrer geballten Faust. Es war, als hätten meine Worte ihre eben noch zurückgehaltenen Gefühle losgetreten wie eine Lawine. Ihr Schluchzen verstärkte sich und ein Zittern lief durch ihren Körper. Beinahe erwartete ich, jetzt Zeuge eines Nervenzusammenbruchs zu werden. Doch zu meiner Überraschung gelang es ihr, die Lawine aufzuhalten. Sie brachte das Zittern unter Kontrolle, das Schluchzen hörte auf.

„Er war doch Patient bei Ihnen gewesen“, sagte sie plötzlich mit fester Stimme und sah mir mit tränennassen Augen forschend und Hilfe suchend zugleich ins Gesicht.

So sehr ich jedoch auch überlegte, ich vermochte keine Verbindung herzustellen. Sie erkannte, dass ich nicht verstand.

„Daniel Thon“, sagte sie, „mein Bruder, er,... er ist...“

Mit einem Mal begriff ich. Im Lauf des Tages hatte ich das, was Erna mir berichtet hatte, völlig vergessen; nicht einmal der Name an der Haustür hatte mir Daniels Tod in Erinnerung gerufen. Ich verwünschte meine Achtlosigkeit.

„Das tut mir Leid“, sagte ich.

„Danke. Ich...“, sie unterbrach sich, zögerte.

„Ich hoffe, Sie können mir helfen. Ich...“, wieder hielt sie inne.

Auf ihren Zügen zeichneten sich Unsicherheit und Zweifel ab. Auch wenn mir der Gedanke in diesem Moment unpassend erschien, so konnte ich mich plötzlich nicht dagegen wehren, mich zu ihr hingezogen zu fühlen. Die langen, brünetten Haare waren straff zurück gebunden, doch sowohl auf der Stirn, als auch an den Schläfen hatten sich einzelne Haarsträhnen selbstständig gemacht, die ihren durch die Frisur eher strengen Gesichtszügen etwas Lebhaftes gaben. Ihr Gesicht wurde beherrscht von einer hohen Stirn, leuchtend blauen Augen und starken Wangenknochen.

„Können Sie mir ein Beruhigungsmittel geben?“, sagte sie endlich, „Ich kann nicht mehr.“

„Ich werde Ihnen etwas Starkes geben“, versicherte ich ihr. „Ich schreibe Ihnen etwas auf.“

„Eigentlich hatte ich gehofft, Sie würden mir eine Spritze geben.“

„Wie Sie möchten“, erwiderte ich, „aber Sie werden sicher auch noch etwas brauchen, wenn die Wirkung der Spritze morgen abklingt. Dafür sind dann die Tabletten gedacht.“

Ich öffnete den Koffer und nahm eine Ampulle Diazepam heraus. Mit einem hellen Klicken erbrach ich das Glas.

„Wenn Sie bitte den Po freimachen würden.“

Während ich die ölige Flüssigkeit in die Spritze füllte, streifte sie ihre Jogginghose ein Stück herunter, gerade so weit, dass ein wenig ihrer hellen Haut sichtbar wurde. Ich beugte mich vor, zielte mit der Spritze und hielt plötzlich inne. Es war ein Zauber, ein unerwarteter und deshalb umso wirkungsvollerer Zauber, der mich überfiel und in seinen Bann schlug. Unvermittelt nahm ich ihren betörenden Geruch wahr. Sie trug kein Parfum. Von ihrer Haut aber und ihren Kleidern ging ein Duft aus, der trotz seiner Sanftheit mich zu betäuben drohte.

„Haben Sie mir die Spritze schon gegeben?“, fragte sie mitten in meinen Rausch hinein. „Ich habe gar nichts gespürt. Wenn Ihre Spritzen immer so schmerzfrei sind, lasse ich mich in Zukunft nur noch von Ihnen behandeln.“ Ich erwachte abrupt aus meinen Tagträumen.

„Nein“, erwiderte ich, „nein, noch nicht, aber jetzt geht es los.“

Als die Nadel sie traf, zuckte sie zusammen und ihre Muskeln spannten sich. Ich aspirierte, injizierte, zog die Nadel heraus und klebte ein Pflaster über die Einstichstelle. Bei alledem umhüllte mich ihr Geruch, betäubte mich, versah meine Handlungen mit der Langsamkeit und Schwerelosigkeit eines Träumers.

„Sind Sie fertig?“, fragte sie, „das haben Sie gut gemacht. Es hat kaum wehgetan.“

Ich riss mich los, räumte meine Sachen zusammen und setzte mich in einen der Sessel, während sie ihre Kleidung richtete. Ihr Duft verfolgte mich. Ich schüttelte den Kopf, als könnte ich mich dadurch befreien. Sie war meine Patientin, und es ging hier um ihre psychische Erschöpfung, um ihre Trauer, um den Tod ihres Bruders.

„Was ist eigentlich genau passiert? Wie ist Daniel gestorben?“, fragte ich.

Sie senkte den Blick. „Er ist in der Nacht von Freitag auf Samstag erfroren; man weiß noch nicht, wie es dazu kommen konnte. Im Augenblick wird er noch in der Gerichtsmedizin untersucht. Der Stabsarzt, der ihn als Erster untersucht hat, stufte seine Todesursache zwar als ungeklärt ein, vermutet aber, dass es entweder ein Unfall oder Selbstmord war.“

Sollte Daniel sich durch eine unglückliche Verkettung in der Insulindosis vertan haben, bewusstlos geworden und erfroren sein? Das konnte ich nur schwerlich glauben, denn das, was mir von ihm am stärksten im Gedächtnis geblieben war, war seine überaus disziplinierte Art, mit seiner Zuckerkrankheit, an der er seit der Kindheit litt, umzugehen. Wann immer er zu mir zur Kontrolle gekommen war, waren seine Blutwerte perfekt gewesen. Aber, was auch immer geschehen war, es ging mich im Grunde nichts an.

„Die Spritze wird in etwa einer halben Stunde wirken“, sagte ich. „Sie werden dann durchschlafen können. Von den Tabletten nehmen Sie morgens und mittags eine Viertel und abends eine halbe. Das ist natürlich nur zur Überbrückung. Wir warten ab, wie es Ihnen in den nächsten Tagen geht. Wenn Sie Hilfe brauchen, eine Gesprächstherapie oder ähnliches, dann kann ich Ihnen jemanden vermitteln. Melden Sie sich einfach."

„Vielen Dank", erwiderte sie. „Das Wichtigste ist, dass ich endlich mal wieder durchschlafen kann. Sie haben mir sehr geholfen."

„Haben Sie denn sonst jemanden, der sich um Sie kümmert? Was ist mit Ihren Eltern?", fragte ich.

Ihre Stimme wurde tonlos. „Was soll mit ihnen sein?"

„Wie haben Ihre Eltern denn Daniels Tod aufgenommen? Können Sie sich gegenseitig stützen?"

„Das ist schon in Ordnung." Es war offensichtlich, dass für sie dieses Thema damit erledigt und weitere Nachfragen unerwünscht waren. Also erhob ich mich und reichte ihr die Hand, die sie fest drückte.

„Auf Wiedersehen; wenn etwas sein sollte, melden Sie sich bitte sofort", bot ich ihr erneut an.

„Natürlich", erwiderte sie, „vielen Dank noch mal."

Sie geleitete mich bis zum Eisentor des Hinterhofs. Ich fühlte mich versucht, mich noch einmal nach ihr umzusehen, doch schon fiel in meinem Rücken das Tor in sein Schloss. Langsam überquerte ich in der Dunkelheit die Gasse, schloss meinen Wagen auf und machte mich auf den Heimweg.

In den Straßen voller Schneematsch und überfrorener Nässe kam ich nur langsam voran. Ich fühlte mich müde und aufgewühlt zugleich.

Als ich endlich zuhause ankam, ließ ich mich direkt auf mein Sofa fallen und starrte durch das Fenster meiner Drei-Zimmer-Wohnung auf die Lichter der Stadt am jenseitigen Rheinufer hinaus. Tausende von winzigen Augen leuchteten in der Finsternis. In der Dunkelheit war die Stadt schön, traurig schön.

Doch mir stand der Sinn nicht nach Melancholie. Was ich jetzt am Ende eines langen Tages brauchte, war schnelle, oberflächliche Unterhaltung, also schaltete ich den Fernseher ein und begann zu zappen. Die Kanäle bordeten über vor Reality-TV, sonst eigentlich genau das Richtige, um den Kopf frei von allen Gedanken zu bekommen, doch heute hatte ich irgendwie keine richtige Lust auf merkwürdige Menschen in noch merkwürdigeren Situationen. Ich schaltete auf die Nachrichten um, wo mich der amerikanische Präsident mit seiner persönlichen Einschätzung der weltpolitischen Lage empfing. Das war mehr, als ich augenblicklich ertragen konnte.

Unruhig und ohne rechtes Ziel schlenderte ich ins Badezimmer. Aus dem Spiegel blickte mich ein müdes Gesicht an, das eine Rasur vertragen konnte. Die Falten um Augen und Mund schienen sich mir schon wieder vertieft zu haben.

Mir fiel ein, dass ich eigentlich diverse Anrufe zu tätigen gehabt hätte. Vor zwei Tagen schon hatte meine Ex-Frau mir auf den Anrufbeantworter gesprochen und mich um Rückruf gebeten.

Zudem war es längst mal wieder an der Zeit bei meinem Vater nachzuhorchen, der seit Mutters Tod ganz allein in seiner Wohnung in Rheinhessen vor sich hinwurschtelte. Ich nahm mir vor, ihn auf alle Fälle nächstes Wochenende zu besuchen, um nach dem Rechten zu sehen.

Bei Anna, meiner besten Freundin, hatte ich mich ebenfalls schon eine Weile nicht mehr blicken lassen. Ich hatte das Gefühl, dass mir meine Arbeit zunehmend über den Kopf wuchs, und ich dringend eine Pause brauchte. Ich musste Urlaub machen.

Spontan beschloss ich, mir die nächsten zwei Wochen eine Auszeit zu gönnen und die Praxis zu schließen. Ich musste mich nur rechtzeitig um einen Vertreter kümmern und dafür sorgen, dass...

Es gelang mir nicht, meine Gedanken zu Ende zu führen. Plötzlich stand mir Sylvia Thons Bild vor Augen. Ich spürte die erneut aufsteigende Unruhe in jeder Faser meines Körpers. Aufseufzend lehnte ich mich zurück. Sie war eine Patientin von mir, ihr Bruder war gerade verstorben, sie ..., ich...

Verdammt noch mal, es hatte keinen Sinn, sich etwas vorzumachen. Ich hatte mich in Sylvia Thon verliebt.

Infektionen

Mit beredter Stimme schilderte Wolfgang, ein Freund von mir, seine vielfältigen Erkältungsbeschwerden, ohne auch nur einmal Luft zu holen. Seit drei Nächten hatte er nicht mehr geschlafen, da er nahezu ununterbrochen husten musste - in Anbetracht dessen grenzte sein blühendes Aussehen geradezu an ein medizinisches Wunder - und konnte deshalb keinen Unterricht mehr halten. Nichtsdestotrotz konnte er mir problemlos den Kopf schwindlig reden. In den zehn Minuten, die er bereits auf mich einsprach, hatte er kein einziges Mal husten müssen. Ich hoffte schon, mein einfacher Händedruck könnte ihn womöglich geheilt haben. Vielleicht verfügte ich tatsächlich über „healing hands“.

Doch ich hatte mich zu früh gefreut. In dem Augenblick nämlich, da ich nach meinem Stethoskop griff, bekam er einen entsetzlichen Hustenanfall. Ich fürchtete schon, er würde ersticken, doch zum Glück erholte er sich rasch wieder.

„So geht das die ganze Nacht. Ich habe seit drei Tagen nicht mehr geschlafen.“

„Okay“, sagte ich, bevor er erneut zu seiner Litanei ansetzen konnte, „dann wollen wir mal hören, was Sache ist. Bitte mal tief ein- und ausatmen, mit offenem Mund!“

Ich versenkte die Stöpsel in meinen Ohren und lauschte seinem tiefen und anstandslosen Atmen, als ihn plötzlich ein noch heftigerer Hustenanfall als zuvor schüttelte. In meinen Ohren vollzog sich ein Urknall.

„Oh Mann, das hört sich nicht gut an“, sagte ich, während ich mich fluchtartig von ihm zurückzog.

„Wirklich?“

Ich nickte noch einmal zur Bekräftigung und gleichzeitig in der Hoffnung, die Bewegung würde meine zeitweilig zugefallenen Ohren wieder öffnen.

„Das ist eine beginnende Bronchitis und nicht zu knapp. So kannst du aber nicht in die Schule gehen."

„Mist, das habe ich fast befürchtet. Aber im Moment fehlen bei uns in der Schule so viele. Die brauchen mich im RaMa."

„Na gut", erwiderte ich, „es ist deine Gesundheit. Du musst wissen, was du tust. Wenn du glaubst, sie könnten dort nicht ohne dich auskommen, dann musst du hingehen."

Er runzelte angestrengt die Stirn und schien sich die ganze Sache intensiv zu überlegen. „Na ja, wenn du meinst", rang er sich schließlich zu einer Entscheidung durch, „ich muss zuhause bleiben, dann muss es sein. Schließlich geht die Gesundheit vor. Da wird es zwar in meiner Klasse drunter und drüber gehen, aber dann müssen sie halt sehen, wie sie ohne mich klarkommen."

„Am besten, du erholst dich ein, zwei Tage, dann bist du wieder auf dem Damm", schlug ich vor.

„Glaubst du, dass das reicht? Ich meine, du bist der Arzt! Du musst das wissen. Aber ..., ich weiß nicht... Soll ich am Donnerstag wirklich wieder arbeiten gehen?"

Ich griff nach dem gelben Zettel. „Wo du Recht hast, hast du Recht. Ich schreib dich die ganze Woche krank. Dann bist du nächsten Montag wieder richtig fit. Zwei, drei Tage musst du noch rechnen, dann wird es langsam besser werden, und zum Wochenende bist du wieder auf dem Damm."

„Hoffentlich. Ich muss am Montag unbedingt wieder auf die Arbeit."

„Na klar. Du bist rechtzeitig wieder fit. Mach dir keine Sorgen."

„Ich mein, wenn's nicht richtig gut ist, komm ich halt noch mal am Montag zu dir."

„Klar." Ein wohliges Gefühl von Verzweiflung breitete

sich in mir aus. „Ich würde sagen, wir kommen wahrscheinlich noch ohne ein Antibiotikum aus. Du schonst dich, trinkst viel und nimmst die Grippemittel, die ich dir aufschreibe. Ach, und stell mal das Rauchen für eine Woche ein!“

„Für eine Woche? Das wird schwer. Aber ich hab's schon reduziert.“

„Na prima, das ist ja schon mal ein Anfang.“

„Und du meinst wirklich, ich brauch kein Antibiotikum? Du weißt doch, wenn ich kein Antibiotikum nehme, dann schlägt's mir sofort auf die Nebenhöhlen.“

Ich hielt die Karteikarte hoch. „Stimmt“, sagte ich, „ich erinnere mich wieder. Da bist du ganz schön anfällig.“

„Also schreib mir lieber ein Antibiotikum auf, aber ein richtig starkes.“

„Klar.“

Das Telefon klingelte. Andrea, meine Sprechstundenhilfe war dran. „Eine Patientin wünscht Sie zu sprechen, Chef.“

„Mitten in der Behandlung? Sie wissen doch, ich nehme während der Sprechstunde keine Telefonate entgegen“, erwiderte ich ein wenig ungehalten.

„Ja, ich weiß, aber sie ließ sich nicht abwimmeln. Sie sagt, es sei sehr dringend.“

Ich seufzte. Natürlich. Es war immer alles dringend. Jeder hatte die schwerste Krankheit, musste als erster drankommen, und auf keinen Fall durfte man ihn zu lange warten lassen. Ich ergab mich in mein Schicksal.

„Wer ist denn dran?“

„Frau Thon. Sie sagt, Sie seien gestern Abend bei ihr zum Hausbesuch gewesen.“

Ohne dass ich es verhindern konnte, machte mein Herz einen kleinen Satz. „Na gut, dann stellen Sie sie mir durch“, sagte ich so ruhig wie möglich.

Den Telefonhörer in der einen Hand, druckte ich mit der

anderen die Arbeitsunfähigkeitsbescheinigung aus und gab sie Wolfgang. Während ich ihn stumm verabschiedete, meldete sich eine Frauenstimme.

„Guten Tag. Ich hoffe, ich störe nicht." Ich fühlte wie in meinem Magen Schmetterlinge durcheinander zu flattern begannen.

„Nein, nein!", erwiderte ich. „Haben die Spritze und die Tabletten denn etwas geholfen?"

„Ja, ich konnte wenigstens schlafen. Aber ..., jetzt ist es wieder viel schlimmer geworden; ich brauche noch einmal Ihre Hilfe. Könnten Sie noch einmal zu einem Hausbesuch kommen?"

„Das kann spät werden. Wäre es nicht sinnvoller, wenn Sie zu mir in die Praxis kämen?"

„Nein, das geht nicht. Ich traue mich kaum aus dem Haus. Ich habe Angst; mir ist schwindlig. Ich kann mich kaum auf den Beinen halten."

„Einverstanden", sagte ich, all meine Prinzipien über Bord werfend, „ich komme."

Fortschritte

Kaum hatte Sylvia mir die Tür geöffnet, verschwand sie auch schon wieder und eilte geschäftig von Zimmer zu Zimmer, als suche sie etwas. Ich stand im Wohnzimmer wie bestellt und nicht abgeholt und musste mich sehr beherrschen, damit ihre Unruhe nicht auf mich übergriff. Es schien ihr bei weitem nicht so schlecht zu gehen, wie sie am Telefon geklungen hatte. Zumindest war sie wieder ganz gut auf den Beinen und schwindlig wirkte sie auch nicht auf mich. Solche Situationen gingen mir ja eigentlich gegen den Strich, doch in diesem besonderen Fall übte ich mich in Geduld und suchte mir unaufgefordert einen Platz in einem der Sessel. Wie erhofft hing ihr Geruch unverkennbar in der Luft. Ich schwankte zwischen Begierde und Beklommenheit.

„Kann ich Ihnen etwas anbieten“, fragte Sylvia mich, als sie endlich wieder im Wohnzimmer auftauchte, „Wasser, Saft oder ein Bier?“

„Wasser“, erwiderte ich. Während sie wieder verschwand, stand ich auf und betrachtete mir die neben der Eingangstür aufgehängten Photographien. Drei von ihnen zeigten den Verstorbenen. Sein Gesicht hatte etwas unverkennbar Filigranes und zugleich Strenges. Zwei zeigten ihn als Kind allein, die andere, auf der er mit seiner Schwester zu sehen war, schien aus jüngerer Zeit zu stammen. Er sah darauf genauso aus, wie ich ihn von seinen letzten Praxisbesuchen her in Erinnerung behalten hatte. Daneben hingen zwei Aufnahmen von Sylvia Thon als Kind. Photos der Eltern waren nirgends zu entdecken.

Meine Gastgeberin kehrte zurück, stellte ein Glas mit Wasser vor mich hin und goss sich selbst Tee ein. Dann nahm sie im Sessel mir gegenüber Platz. Am liebsten wäre mir gewesen, sie hätte den Anfang gemacht, denn ich wurde den Eindruck nicht los, dass ihre dringende Bitte um einen Hausbesuch nicht in erster Linie medizinischen Ursprungs gewesen war. Doch da sie beharrlich schwieg und meinem Blick auswich, lag es an mir, das Gespräch zu beginnen.

„Wie kann ich Ihnen helfen?“, fragte ich. Sie hob den Kopf, und ich begegnete einem Blick voller Schmerz und Unsicherheit.

„Ich brauche Ihre Hilfe“, sagte sie leise. „Ich weiß nicht, wie ich es sagen soll, wie ich es erklären soll ...“ Kurz zögerte sie. „Es ist nur...“, fuhr sie dann fort, „seit ich von Daniels Tod erfuhr, hatte ich das Gefühl, ich sei dabei durchzudrehen. Aber dann kamen Sie und hörten mir zu, und ich hatte den Eindruck nicht nur mit meinem Arzt sondern auch mit einem Freund zu sprechen, der mich ernst nimmt.“

Eigentlich hatte ich gedacht, über solche Komplimente erhaben zu sein, doch aus ihrem Mund...; ich fühlte, wie ich errötete.

„Ich war völlig verwirrt“, fuhr sie fort. „Ich wusste nicht, was ich tun sollte. Ich kannte Sie ja kaum, ich konnte Sie doch nicht mit meinen Ängsten belasten, zumal sie Ihnen wie Hirngespinste vorkommen müssen.“

„Sie können mir vertrauen“, sagte ich, „was immer Sie bedrückt, ich werde versuchen Ihnen zu helfen. Ich werde niemandem davon erzählen, da können Sie sicher sein. Haben Sie Vertrauen.“

„Sie werden mich für verrückt halten.“

„Niemals!“, entgegnete ich im Brustton der Überzeugung, so, wie es die Pflicht eines selbstlosen Helfers war. Ich nickte aufmunternd.

„Mein Bruder ist ermordet worden“, sagte sie leise und blickte mich voller Anspannung und ängstlicher Erwartung an.

Ich wusste, ich musste etwas erwidern, doch mir fehlten die Worte.

„Ich weiß, das muss sich für Sie verrückt anhören. Bestimmt denken Sie, ich bin völlig durchgedreht. Aber ich bin mir sicher, dass er ermordet wurde. Die Ärzte behaupten, es war Selbstmord oder Unfall, aber das ist Unsinn. Er hätte sich niemals umgebracht, niemals! Außerdem haben wir uns immer alles erzählt, alles anvertraut. Wenn er massive Probleme gehabt hätte, dann hätte ich es gemerkt. Wir waren immer füreinander da." Sie unterbrach sich; ihre Augen glänzten, die Stimme zitterte. Rasch jedoch fasste sie sich wieder.

„Ich habe heute auf meine Anfrage hin die vorläufige Benachrichtigung bekommen", sagte sie, „dass er aller Wahrscheinlichkeit nach an Unterzuckerung gestorben ist. Die letzten Untersuchungen stehen allerdings noch aus.

Die Ärzte in der Gerichtsmedizin glauben, dass er sich versehentlich zuviel Insulin gespritzt hat. Aber er hätte sich niemals beim Spritzen vertan. Er konnte mit seiner Erkrankung so sicher und diszipliniert umgehen wie kein anderer. Er trank keinen Alkohol, er hielt immer genau die Zeiten ein, er kontrollierte seinen Zucker mehrfach täglich. Es kann kein Unfall gewesen sein!" Ihre Verzweiflung war förmlich greifbar. „Es tut so weh. Am liebsten würde ich mich verkriechen und einfach nur schlafen. Aber ich kann doch nicht so tun, als ob ..., ich bin es ihm schuldig. Oh Gott, ich vermisse ihn so sehr! Jedes Mal, wenn ich zur Tür hinüber sehe, habe ich das Gefühl, er müsste jeden Augenblick aus seinem Zimmer treten." Wieder zitterte ihre Stimme.

Schweigen breitete sich aus. Ich fühlte den starken Drang in mir, Sylvia zu umarmen, um sie zu trösten. Doch im letzten Augenblick hielt mich eine warnende Stimme in meinem Kopf zurück. Das konnte ich nicht tun. Sie war meine Patientin. Ich würde womöglich ihr Vertrauen zerstören und alles kaputt machen.

„Warum aber sollte ihn jemand ermordet haben?“, fragte ich, indem ich sitzen blieb und von jeglichen Umarmungsplänen Abstand nahm.

„Ich weiß es nicht“, erwiderte sie, „ich kann mir niemanden vorstellen, der einen Grund gehabt haben könnte, Daniel etwas anzutun. Mein Bruder war ein wundervoller Mensch. Er war hilfsbereit, ehrlich und einfühlsam. Aber eines steht für mich fest“, fügte sie sofort beschwörend hinzu, „es war kein Unfall und es war kein Selbstmord!“ Sie sah mich flehentlich an.

„Ich verstehe, dass das, was ich sage, schwer zu glauben ist“, fuhr sie fort. „Ich kann nur an Ihr Verständnis appellieren und auf Ihr Vertrauen hoffen.“

„Ich will Ihnen helfen“, sagte ich, „ich habe es Ihnen versprochen. Deshalb bin ich gekommen. Sagen Sie mir, was ich für Sie tun kann, und ich werde es versuchen.“

„Danke!“, erwiderte sie. „Ich hatte, um ehrlich zu sein, gehofft, Sie könnten mit dem Gerichtsmediziner, der Daniels Leiche untersucht, reden, sozusagen von Arzt zu Arzt und ihm meine Bedenken hinsichtlich der Selbstmord- und Unfalltheorie schildern. Vielleicht ist ihm doch etwas entgangen, vielleicht fällt Ihnen etwas auf.

Würden Sie das für mich tun? Sie sind Arzt, Sie wird der Pathologe anhören, Sie kann er nicht als verrückt abtun.“

In meinem Kopf schrillten sämtliche Alarmsirenen. Ich sollte Hobbydetektiv spielen und meine ohnehin knapp bemessene Freizeit auch noch mit medizinischen Fragestellungen in der Gesellschaft anderer Ärzte zu verbringen? Niemals.

„Würden Sie das für mich tun?“, wiederholte sie flehentlich.

„Einverstanden“, erwiderte ich.

Anna

Durch die verschneiten und vereisten Nebenstraßen Kostheims zu fahren, glich russischem Roulette. Mein Wagen machte, was er wollte, und ich hatte Mühe, Entgegenkommenden, denen es ähnlich ging, um Haaresbreite auszuweichen.

Doch alles war besser, als zuhause allein herumzusitzen und darüber nachzudenken, worauf ich mich eingelassen hatte, als ich Sylvia meine Hilfe zusagte. Zum zweiten Mal innerhalb kürzester Zeit hatte ich für sie all meine Prinzipien über Bord geworfen. Wohin sollte das noch führen?

Ich brauchte Beistand, und zwar von jemandem, zu dem ich immer und jederzeit kommen konnte. Und dieser Jemand war Anna. Wir kannten uns noch aus Schulzeiten und der Kontakt war niemals abgerissen. Anna war ein Phänomen. Sie war ständig beschäftigt, voller Pläne und Ideen. Sie führte das, was sie selbst ein „überflutetes Leben" nannte. Sie war gleichzeitig freischaffende Künstlerin und Kunstlehrerin am Theresianum, ständig damit beschäftigt, zu malen, zu zeichnen und Vernissagen vorzubereiten.

Für mich aber war sie vor allem eine phantastische Freundin, die mir stets das Gefühl gab, für sie jemand besonderes zu sein. Mit ihr war alles möglich.

Annas Wohnung lag am Rand Kostheims. Jenseits der letzten Häuser begannen bereits die Weinberge, während zur anderen Seite sich die Mainniederungen ausdehnten. Nachdem ich das Auto in einer Schneeverwehung, die ehemals ein Bordstein gewesen war, geparkt, und mich expeditionsartig über ungeräumte Gehwege gekämpft hatte, klingelte ich an einem unscheinbaren zweistöckigen Häuschen mit schmalem Vorgarten. Es dauerte einige Zeit, dann erklang der Türsummer.

Als ich eintrat, war Anna mit dem Reinigen ihrer Pinsel beschäftigt. Wie meist trug sie ihre langen schwarzen Haare offen. Sie umarmte mich kurz und hauchte mir einen Schmetterlingskuss auf die Wange.

„Hier, was hältst du davon?“, fragte sie mich und wies auf das Bild, an dem sie gerade arbeitete. „Ich glaube, ich nenne es Ozymandias. Es hat etwas Gruseliges, oder? Ein bisschen morbide, finde ich.“

„Wenn es gruselig sein soll, dann ist es dir prima gelungen. Aber mir ist es ehrlich gesagt zu gruselig. Ich würde dem Bild nicht nachts in meiner Wohnung begegnen wollen.“

Wie stets war sie gegen meine Kritik immun. „Gut“, sagte sie, „scheint so rüberzukommen, wie ich es mir erhofft hatte.“

Ich ließ mich auf eine ihrer am Boden liegenden Matratzen nieder, während sie das Bild noch einmal eingehend musterte. Ihr Gesicht hatte etwas Ätherisches, die lange schmale Nase, die sanft geschwungenen Lippen, die von vielerlei zarten Falten umgeben waren. In einem Anflug von Eitelkeit ärgerte sie sich manchmal über diese Falten, die ihr für ihr jugendliches Alter von fünfunddreißig Jahren unangemessen erschienen. Ein Grübchen unterteilte ihr an und für sich energisches Kinn und nahm ihm so einen guten Teil seiner Strenge.

Sie spürte, dass ich sie musterte, sah kurz zu mir herüber und lächelte mich mit ihren tiefschwarzen Augen an, die, wenn sie zornig war, unter den dichten schwarzen Wimpern und Brauen vernichtende Blitze hervorschleudern konnten.

„Schieß los“, sagte sie, „du bist doch nicht einfach so auf einen Spontanbesuch bei mir vorbeigeschlittert. Ich würde wetten, du brauchst den Rat einer erfahrenen Frau.“

„Erfahren in was?“

„Such dir was aus. Ich kann auf allen Gebieten Ratschläge erteilen. Ob sie was nutzen, ist natürlich eine andere Frage."

Ich holte tief Luft und berichtete ihr alles, was mir in den letzten zwei Tagen passiert war, angefangen von Ernas Worten bis hin zu meinem letzten Besuch bei Sylvia.

„Dich hat's aber ganz schön erwischt", stellte Anna fest, nachdem ich meine Erzählung beendet hatte. Sie legte den Pinsel weg. „Lass uns Tee trinken", schlug sie vor und begann bereits Wasser aufzusetzen. Wie immer staunte ich über ihre Energie. Erst hatte sie viele Stunden in der Schule verbracht, sich über interessierte Schüler gefreut und über andere geärgert. Dann hatte sie zweifelsohne durchgehend an ihren Werken gearbeitet, denn ich wusste, dass eine Ausstellung in einem der kleineren Museen bevorstand. Diesen Tag ununterbrochener Anspannung merkte man ihr aber, während sie sich in die Auswahl eines japanischen Grüntees vertiefte, nicht im Geringsten an.

„Da, den müssen wir heute mal probieren, den hab ich mir vorgestern erst neu geleistet." Sie zelebrierte genüsslich die Zubereitung und das Servieren des Tees.

„Muss ja eine tolle Frau sein", bemerkte sie, als wir auf das Abkühlen des Tees in den irdenen Tassen warteten, „wenn sie dich so durcheinander bringen kann. Ich hatte gehofft, ich sei auf lange Zeit die einzige, der das vorbehalten bliebe."

„Es lief alles ab wie im Traum", sagte ich. „Ich hab so etwas noch nicht erlebt. Ich bin total verliebt."

„Na prima. Da kann ich dir nur einen Ratschlag aus tiefstem Herzen geben: Lass dich auf das Abenteuer ein! Schließlich scheint da ja auch noch ein Geheimnis im Spiel zu sein, das nur darauf wartet, von dir gelöst zu werden."

Ich zuckte die Schultern. „Vielleicht, aber wer sollte einen jungen Mann umbringen, der offensichtlich keine Feinde hatte?"

„Woher willst du das wissen? Du selbst hast vorhin gesagt, du kanntest ihn nicht privat, oder jedenfalls nur kaum. Du musst dem Toten nachspüren. Du musst sein Leben begreifen, dann kannst du auch herausfinden, wie er gestorben ist."

„Ich weiß nicht... Hast du schon mal gehört, dass Privatdetektive mit einem Stethoskop in der Tasche herumlaufen?"

„Aber wenn du dich mit ihr einlässt, dann hast du es auch mit dem rätselhaften Tod ihres Bruders zu tun. Das ist doch klar. Es muss einen Grund geben, dass sie dich in ihre Mordtheorie eingeweiht hat, noch bevor ihr euch richtig näher gekommen seid. Sie sieht irgendetwas in dir, das sie glauben lässt, du wärst der Richtige, um ihr zu helfen."

Sie sah mich prüfend an, während sich Lachfältchen um ihre Augen bildeten. „Was das sein soll, das weiß ich allerdings auch nicht."

„Na, vielen Dank, wie wär's mit Scharfsinn, Menschenkenntnis, Ausdauer, und ..., und ..., na ja, das reicht doch für den Anfang."

„Na bitte, das ist der richtige Geist. Und wenn du Hilfe brauchst, wendest du dich einfach an mich. Dann kann nichts mehr schief gehen. Besser der Mörder zieht sich warm an. Er ist schon so gut wie verhaftet." Das war Anna, wie sie leibte und lebte.

Ich wärmte meine Hände an der Teetasse und probierte den ersten Schluck, der ein angenehmes, prickelndes Aroma entfaltete.

„Lass uns am besten gleich mit der Detektivarbeit anfangen", drängte Anna. „Weshalb könnte wohl jemand den Jungen umgebracht haben?"

„Keine Ahnung. Ich weiß viel zu wenig über ihn, um mir ein Motiv vorstellen zu können."

„Aber was kommt schon als Motiv in Frage? Es sind

doch immer dieselben Gründe, die einen Menschen dazu treiben zu töten."

„Geldgier", schlug ich vor.

„Das sieht dir ähnlich", erwiderte Anna, „immer denkst du zuerst ans Geld. Ihr Ärzte seid doch alle gleich."

„Angst", versuchte ich, „vielleicht wusste er etwas."

„Hass", erwiderte Anna, „oder Liebe."

„Liebe?", fragte ich. Sie nickte.

„Ein starkes Motiv. Verschmähte Liebe. Enttäuschte Liebe."

„Oder es gibt gar keinen nachvollziehbaren Grund. Die Tat eines Verrückten."

„Glaube ich nicht. Warum hätte sich der Mörder dann die Mühe gemacht, einen Unfall oder Selbstmord vorzutäuschen? Außerdem hätte es in diesem Fall doch Zeichen von Gewalt geben müssen."

„Vielleicht gab es die." Ich überlegte kurz. „Weißt du was?", sagte ich plötzlich. „Ich denke, du hast Recht. Ich sollte mich hinter die Sache klemmen. Ist mal was anderes, als tagaus, tagein immer dieselben Papiere und Formulare auszufüllen. Ich werde morgen mit dem Pathologen reden, und ich werde nicht lockerlassen, bis ich genau weiß, wie Daniel zu Tode gekommen ist."

Pathologie

„So einen Winter haben wir schon lange nicht mehr gehabt“, sagte ich, „der Schnee liegt wohl zwanzig Zentimeter hoch. Die Straßen sind alle zu, selbst die Autobahnen.“

„Ich weiß“, entgegnete Ansgar. „Und die Kälte erst! Geht durch Mark und Bein, wenn man morgens raus muss. Aber mir macht das nichts aus. Du weißt, ich bin es gewohnt. Hier unten ist es immer kühl, selbst im Hochsommer.“

Ich war froh, dass Ansgar Brück mit der Sektion von Daniels Leiche befasst war. Auch wenn er während meiner Zeit in der Pathologie nicht unbedingt zu meinen engsten Freunden gezählt hatte, so waren wir doch bis zu einem gewissen Grad miteinander vertraut. Das machte es mir leichter, mein Anliegen vorzubringen.

Tatsächlich hörte er sich meine Erklärung aufmerksam an, und statt mich, wie ich insgeheim befürchtet hatte, zu belächeln, bat er mich, als ich geendet hatte, ohne Umschweife mit ihm zu kommen. Während wir durch die grün gekachelten Flure gingen, versuchte ich alte Erinnerungen aufzuwärmen, um ihn so gesprächig und zugänglich wie möglich zu stimmen.

„Du hast es geschafft“, schmeichelte ich ihm „na gut, wer hätte daran schon zweifeln wollen? Du warst schon immer ein Arbeitstier, und beim Sezieren konnte dir keiner was vormachen. Wenn wir an unseren Tischen standen, warst du immer mit dem zweiten Körper schon fertig, während ich noch am ersten arbeitete.“

Dr. Brück grinste. „Das ist alles schon lange her. Ich bin inzwischen auch langsamer geworden. Aber schneller als die meisten meiner Kollegen“, setzte er hinzu, „bin ich noch immer und dabei sorgfältiger.“

Auch wenn ich ihm mit dem Kompliment bezüglich

seiner Kompetenz hatte schmeicheln wollen, so wurmte es mich doch, dass er es so selbstverständlich annahm. Er war der Beste, dieses Bewusstsein atmete er so sicher aus, wie andere verbrauchte Luft. Und er hatte Recht. Selbst wenn er als Einzelgänger ohne Lobby niemals die Position des Leiters der Sektur bekleiden würde, er war eine Koryphäe auf seinem Gebiet, und selbst seine Vorgesetzten zogen aus gutem Grund seine Kompetenz nicht in Zweifel.

Seit ich nach meinem AiP aufgehört hatte, in der Sektur zu arbeiten, um von nun an vorwiegend Umgang mit lebenden Menschen zu haben, war ich nicht mehr in diesen kalten, gekachelten Fluren gewesen.

Wie immer sah mich die Vergangenheit, wenn ich ihr unvorbereitet begegnete, mit einem Janusgesicht an. Ich entsann mich dieser Zeit mit einem guten Gefühl, doch ich sehnte mich nicht danach zurück.

Angesichts der unterirdischen Gänge überkamen mich Erinnerungen an Kollegen, die ich längst aus den Augen verloren hatte, Erinnerungen an das Öffnen der Leichen, an die selbstverständliche, damals unerschrockene, weil unerfahrene Begegnung mit dem Tod.

Vorbei an den Räumen mit ihren Tischen und Waschbecken, ihren Abläufen und Instrumenten, gelangten wir zur Halle, in der die Leichen lagerten.

„Wir mussten die Einverständniserklärung seiner Schwester einholen“, erklärte mir Ansgar, als wir den kühlen, hohen Saal betraten.

„Weshalb das? Weshalb habt ihr euch nicht an die Eltern gewandt?“

„Der Vater ist schwer krank und nicht mehr geschäftsfähig, die Eltern leben getrennt, die Adresse der Mutter war nicht aufzutreiben, so dass uns nur seine Schwester als nächste Verwandte blieb“, führte Ansgar aus.

„Der Vater ist krank?“, fragte ich. „Was hat er denn?“

„Du weißt, für so was habe ich ein schlechtes Gedächtnis“, erwiderte Ansgar. „Ich weiß nur, er liegt zurzeit im Krankenhaus und es geht ihm ziemlich schlecht.“

„In welchem Krankenhaus?“

„Ich glaube, in der Uni-Klinik. Aber ich bin mir nicht sicher.“

Ansgar verlangsamte seinen Schritt und öffnete eine stählerne Schiebetür. Wir hatten unser Ziel erreicht und betraten den eigentlichen Lagerungsraum, in dem ich so manche Stunde auf der Suche nach geeigneten Leichen für meine Doktorarbeit über temperaturabhängige Veränderungen an Wasserleichen verbracht hatte.

„Hier liegt er.“ Ansgar öffnete eine der schachtförmigen Kühltruhen und zog die auf Schienen gleitende Bahre heraus auf die Lafette. Dann schlug er das weiße Laken zurück.

Aufmerksam musterte ich das Gesicht des Toten. Ich hatte schon viele Leichen gesehen, und ich hatte schon viele Menschen sterben sehen. Oft war das Sterben ein Kampf gewesen, und noch im Tode sah man dem Körper an, mit welch verzweifelter Kraft er sich dagegen gewehrt hatte, den Geist ziehen zu lassen, vielleicht auch die Seele.

Auf dem Gesicht dieses Toten schien jedoch ein Lächeln zu liegen, so, als sei er friedlich gestorben. Die weiße Haut unter den kurz geschnittenen schwarzen Haaren wirkte wie gemalt, gleichmäßig, doch nicht leblos. Seine Züge waren fein, die Augenbrauen, die markant vorspringende Nase, die im Schluss scheinbar leicht gekräuselten Lippen, alles an diesem Gesicht wirkte gelöst. Es fiel mir schwer, den Blick abzuwenden. Und noch schwerer fiel es mir zu glauben, dass dieser junge Mensch einem Mord zum Opfer gefallen sein sollte.

„Und?“, fragte ich, „wisst ihr schon, was passiert ist?“

„Noch nicht endgültig“, entgegnete Ansgar, „es fehlen noch die Ergebnisse einiger Laboruntersuchungen, die wir für heute Nachmittag erwarten. Wir können daher noch nicht mit letzter Sicherheit die Kausalkette klären, die zu seinem Tod geführt hat. Eines aber steht fest: Er ist nicht erfroren, sondern bereits vorher an Unterzuckerung gestorben. Wir haben von seiner Schwester erfahren, dass er Diabetiker war. Dieser Umstand wies natürlich von Anfang an auf einen Unfall hin, allenfalls auf einen Suizid. Selbstverständlich wollten wir trotzdem eine Fremdeinwirkung ausschließen, auch wenn das, wie du weißt, nie mit letzter Sicherheit möglich ist."

„Habt ihr denn irgendwelche Anzeichen dafür gefunden?"

„Nein. Nach allen mir vorliegenden Fakten, würde ich derzeit eine Fremdeinwirkung als äußerst unwahrscheinlich betrachten." Er hielt inne.

„Aber, wenn du mich schon danach fragst", fuhr er fort, „es gibt tatsächlich einige Auffälligkeiten, denn ich fand am ganzen Körper Hämatome, vor allem aber an den Gliedmaßen. Die Verteilung macht es unmöglich, dass er sich die Blutergüsse bei einem Sturz oder einem sonstigen Unfall zugezogen hat. Ich würde sagen, er ist von jemandem, wahrscheinlich sogar mehreren verprügelt worden."

Ich wurde hellhörig. „Und könnte diese Schlägerei mit seinem Tod in Verbindung gestanden haben?"

„Daran dachte ich natürlich auch, aber die äußeren Verletzungen sind sicher schmerzhaft, jedoch auf alle Fälle - medizinisch gesprochen - harmlos gewesen. Ich habe den Leichnam geöffnet und sorgfältig untersucht. Es lagen keine inneren Blutungen oder Organverletzungen vor. Außerdem sind die Hämatome allesamt älteren Datums. Sie müssen ihm auf jeden Fall einige Tage vor seinem Tod zugefügt worden sein. Es gibt, wie ich schon sagte, bis jetzt keinen Hinweis darauf, dass bei seinem Tod etwas nicht mit rechten Dingen zugegangen wäre. Wenn du meine Meinung hören willst: Ich halte das Ganze für einen Unfall." Er hielt inne, dachte nach.

„Aber ein Umstand, der allerdings nichts mit dem Tod selbst zu tun hat, bleibt natürlich nach wie vor ungeklärt", sagte er dann, „ein Umstand, der dich wahrscheinlich genauso irritiert wie mich."

Ich horchte auf. „Wovon sprichst du?"

„Na, weshalb haben sie den Toten überhaupt zum Wehrdienst zugelassen? Er war insulinpflichtiger Diabetiker. Wenn das kein Grund war, ihn auszumustern, dann weiß ich es auch nicht. Sicher, wenn sein Zucker gut eingestellt war, dann konnte er problemlos die Musterung auf dem Kreiswehrersatzamt passieren, aber wie konnte er seine Erkrankung in der Kaserne geheim halten? Und wenn sie bekannt war, warum hat man ihn dann nicht nachträglich ausgemustert?

Mich geht das letzten Endes nichts an, aber wenn von der Bundeswehr eine Untersuchung des Todesfalles durchgeführt wird, und es stellt sich heraus, dass seine Erkrankung bekannt war, dann möchte ich nicht in der Haut der Verantwortlichen stecken."

Ansgar hatte völlig Recht. Wenn ich auch bisher nicht den geringsten Anhaltspunkt dafür hatte, dass Daniel tatsächlich einem Mord zum Opfer gefallen war, so erwiesen sich doch die Begleitumstände seines Todes als zunehmend rätselhaft.

„Aber wie gesagt, mich geht es nichts an", fuhr Ansgar fort, „meine Aufgabe ist es, festzustellen, wann und wie er umgekommen ist."

„Und wann etwa ist der Tod eingetreten?"

„Du weißt selbst, wie schwer es ist, die Todeszeit exakt festzulegen. Ich würde sagen, er ist irgendwann zwischen dem frühen Freitagabend - so gegen sechs Uhr - und Mitternacht gestorben." Ansgar zuckte die Schultern. Dann schob er die Leiche wieder zurück in ihre Kammer. „Mehr kann ich dir zum jetzigen Zeitpunkt nicht bieten. Wenn ich etwas Neues herausfinde, werde ich es dich wissen lassen."

Die Botschaft war klar: Ich hatte Ansgar mittlerweile lange genug von der Arbeit abgehalten.

„Vielen Dank", sagte ich, „ich lass dir meine Telefonnummer da, die von der Praxis, falls dir noch was einfällt."

Er nickte. „Ich halt dich auf dem Laufenden."

Rätsel

Ich hatte mit Sylvia verabredet, dass ich sie nach meiner Sprechstunde besuchen würde, damit ich ihr über meinen Besuch in der Rechtsmedizin berichten und wir unser weiteres Vorgehen besprechen konnten.

In Gedanken versunken klingelte ich nun bei ihr. Beinahe im selben Augenblick öffnete sich die Tür, und Sylvia packte mich am Arm und zog mich herein.

„Was soll...?“, begann ich, doch statt einer Antwort schob sie mich direkt in das nächste Zimmer. Ich traute meinen Augen kaum. Jemand hatte das Zimmer völlig verwüstet. Schubladen waren herausgerissen, das Bett zerwühlt und der Bildschirm des Computers eingeschlagen. Nahezu nichts hatte man ausgelassen. Selbst die Poster waren von der Wand gerissen worden.

„Was zur Hölle ist denn hier passiert?“, entfuhr es mir.

„Ich war nur kurz weg gewesen, einkaufen. Es hat höchstens eine dreiviertel Stunde gedauert, und als ich zurückkam, fand ich Daniels Zimmer so vor.“ Ihre Stimme zitterte vor Aufregung. „Jemand ist eingebrochen!“ Ratlos stand sie inmitten der Verwüstung und sah mich hilfesuchend an. Ihre Wangen glühten.

„Halten Sie es immer noch für möglich, dass Daniel eines natürlichen Todes gestorben ist? Es liegt doch auf der Hand: Wer immer hier eingebrochen ist, hat irgendwas gesucht, irgendwas, das mit Daniels Tod zu tun hat. Der Einbrecher hat sich nicht gescheut, am helllichten Tag das Fenster einzuschlagen und einzusteigen. Es muss etwas sehr Wichtiges sein.“

„Ja, fehlt denn etwas? Haben Sie irgendeinen Verdacht, worum es dem Dieb ging? Kann es nicht doch ein ganz normaler...“ Ich hielt mitten im Satz inne.

„Nein!“, erwiderte sie. „Er hat alles, was von Wert ist, dagelassen.“

„Aber was hat der Einbrecher dann gesucht?“

Sie fuhr sich mit der Hand über die Stirn, als müsse sie ihre Gedanken ordnen.

„Nach Daniels Tod habe ich seine persönlichen Sachen gesichtet“, sagte sie dann, „denn ich hoffte ja, irgendeinen Anhaltspunkt zu entdecken, der mir bei der Aufklärung seines Todes helfen konnte.“ Sie warf einen Blick auf den zerstörten Bildschirm. „Daniel war ein Computerfreak. Er konnte alles mit dem Ding. Also hab ich mir auch seine Daten-CD's angesehen, aber ich fand nichts, das irgendeinen Hinweis auf seinen Mörder gegeben hätte.“

„Fehlt denn eine dieser CD's?“

Sie schüttelte den Kopf.

„Das heißt, der Einbrecher hat nicht gefunden, was er gesucht hat.“

Sylvia nickte erschöpft.

„Hat Daniel vielleicht ein Tagebuch geführt?“, fragte ich Sylvia, einer plötzlichen Eingebung folgend. „Vielleicht war der Einbrecher auf der Suche nach handschriftlichen Aufzeichnungen.“

„Nein, ich bin mir sicher, dass Daniel kein Tagebuch geführt hat, denn er fand es albern und kindisch. Briefe dagegen hat er leidenschaftlich gesammelt, weil sie für ihn etwas Besonderes darstellten, also habe ich vor einigen Tagen auch das Fach durchsucht, in dem er die Briefe aufbewahrte. Es sind insgesamt nur wenige, und der letzte ist bereits ein halbes Jahr alt. Ich habe es schon kontrolliert. Keiner der Briefe fehlt.“

Wir schwiegen beide. „Und jetzt?“, fragte ich dann. „Haben Sie schon die Polizei benachrichtigt?“

„Natürlich, die waren bereits da. Aber was können die schon tun? Anzeige gegen Unbekannt wegen Einbruchs und

Sachbeschädigung. Das ist alles. Für die hat das nichts mit Daniels Tod zu tun. Die Ärzte haben erklärt, dass es keine Fremdeinwirkung gab, also ist die Sache erledigt. Die haben hier kurz drüber geschaut und wollten von mir wissen, ob was fehlt. Dann haben sie ein Formular ausgefüllt, das ich unterschreiben sollte und das war's."

Sie schlug die Arme übereinander, und für einen Augenblick wirkte sie zerbrechlich und verloren.

„Bitte, helfen Sie mir, bitte hilf mir! Ich fühle mich völlig allein und hilflos. Ich weiß nicht, an wen ich mich wenden soll, wem ich vertrauen kann, außer Dir." Völlig überraschend war sie zum vertraulichen Du übergegangen.

„Ich ...", ich suchte für einen Augenblick vergebens nach Worten. „Natürlich helfe ich Dir", erwiderte ich dann.

Beratung

„Daniel verbrachte die Wochenenden immer zu Hause, wenn er frei hatte?“, fragte ich.

„Meistens ja, er hatte selten etwas anderes vor.“

„Aber letzten Freitag ist er nicht nach Hause gekommen?“

„Ja.“

„Hatte er dir denn Bescheid gesagt, dass er nicht kommen würde?“

„Nein. Eigentlich sollte er an diesem Wochenende Wachdienst haben, aber er hatte getauscht. Er rief mich am Dienstag an und sagte mir, dass er am Freitag wie gewohnt nach Hause kommen würde, wenn auch etwas später als sonst. Aber als er um neun Uhr immer noch nicht zuhause war, begann ich mir Sorgen zu machen.“

„War das denn schon mal vorgekommen?“

„Nein, das war das erste Mal. Deshalb habe ich versucht „Onkel“ Ernst zu erreichen, doch ich kam nicht einmal in die Kaserne durch; es war ständig besetzt.“

„Onkel Ernst?“, fragte ich.

„Ein Cousin unseres Vaters. Er ist Bataillonskommandeur in der Kaserne, in der Daniel stationiert war.“

„Und was hast du dann getan, als du ihn nicht erreichen konntest?“, fragte ich.

„Ich beschloss, selbst in die Kaserne zu fahren, denn ich hoffte ja nach wie vor, Ernst könnte mir weiterhelfen. Aber dem war nicht so. Er versuchte mich zu beruhigen. Daniel könne selbst auf sich aufpassen, meinte er. Hätte ich doch bloß nicht auf ihn gehört. Vielleicht könnte Daniel dann noch leben.“

„Ist dir denn am Wochenende davor irgendetwas an deinem Bruder aufgefallen?“

„Nein. Er verhielt sich wie immer."

„Das heißt, wir haben keinen Anhaltspunkt", stellte ich fest. Sie nickte; Enttäuschung malte sich auf ihren Zügen.

„Halt", ich schlug mir an die Stirn, als mir unvermittelt Ansgars Vermutungen wieder einfielen, die ich in der Aufregung bisher völlig vergessen hatte, „es bleiben doch die Befunde, die ich in der Pathologie in Erfahrung gebracht habe. Der untersuchende Arzt sagte mir, dass er an Daniels Körper Blutergüsse gefunden hat, die allerdings nichts mit seinem Tod zu tun haben."

„Aber das verstehe ich nicht", erwiderte sie bestürzt. „Daniel hat nichts davon erwähnt."

„Hat sich denn Daniel jemals geprügelt?", fragte ich.

„Nein", erwiderte sie. „Der Gedanke ist völlig abwegig. Er war der friedliebendste Mensch, den ich kenne."

„Wer kann ihm dann diese Verletzungen zugefügt haben?"

„Ich weiß es nicht. Ich habe keine Erklärung dafür. Er hatte keine Feinde."

„Was ist mit seinen Freunden? Von wem könnte man denn etwas erfahren, wem könnte er denn etwas erzählt haben, das er dir womöglich verschwiegen hat, warum auch immer?"

Einen Augenblick wirkte sie fast aufgebracht. „Wenn er es mir nicht anvertraut hat, dann auch keinem anderen! Sicher - er hatte einige Bekanntschaften, aber keine wirklich engen Freunde."

„Hatte er eine Freundin?"

„Nein."

„Was ist mit euren Eltern? Vielleicht können sie uns helfen."

Sylvia lachte kurz und trocken. „Unsere Eltern? Eins ist sicher: Von dieser Seite ist keine Hilfe zu erwarten."

„Wieso?"

Wieder lachte sie, beinahe sarkastisch. „Als ich dreizehn war, verschwand meine Mutter von einem Tag auf den anderen, einfach so, ohne sich von uns zu verabschieden. Seitdem haben wir niemals mehr etwas von ihr gehört.

Damals versprach ich Daniel, immer für ihn da zu sein und ihn zu beschützen, denn Vater war dazu nicht in der Lage. Er hatte schon vor einiger Zeit angefangen zu saufen und nachdem Mutter uns verlassen hatte, ging es immer schneller mit ihm bergab. Ob wir zur Schule gingen oder nicht, ob wir etwas zu essen auf dem Tisch hatten oder nicht, interessierte ihn nicht mehr, also begann ich mich um solche Dinge zu kümmern und übernahm den Haushalt."

„Wo ist dein Vater denn jetzt?", fragte ich.

„Zur Zeit mal wieder im Krankenhaus", sie machte eine wegwerfende Handbewegung. „Die Leber spielt nicht mehr mit und sie versuchen, ihn zum x-ten Mal wieder auf die Beine zu stellen."

„Und wenn er entlassen wird, versorgst du ihn dann?"

„Nein, schon seit über einem Jahr nicht mehr. Daniel und ich haben hier zuletzt alleine gewohnt. Vater konnte und wollte ich nicht mehr versorgen, denn das ging über meine Kräfte. Er lebt seither im Altenheim. Den Platz dort zu bekommen, hat mich viel Zeit und Geld gekostet." Sie hielt inne, fuhr sich mit der Hand über die Stirn.

„Aber besser wir hören mit diesen alten Geschichten auf. Ich rede mich nur in Rage über Dinge, die längst vergangen sind. Daniel und ich, wir sind auch ohne unsere Eltern gut zurecht gekommen."

Sie wandte die Augen zu Boden und schwieg. Sie wirkte erschöpft.

Da schoss mir plötzlich die Frage durch den Kopf, die mir Ansgar in der Pathologie gestellt hatte.

„Wieso ist Daniel eigentlich zur Bundeswehr gegangen? Warum hat er sich nicht aufgrund seines Diabetes ausmustern lassen?“ Sie sah mich erstaunt, fast überrascht an.

„Weshalb fragst du?“

„Es passt so gar nicht zu dem Bild, das du von ihm gezeichnet hast. Er war hochintelligent, friedliebend, zielstrebig und ehrgeizig. Was wollte er beim Bund?“

Sie lächelte mich an. „Du hast Recht. Er gehörte nicht dorthin. Mit seinen Abiturnoten hätte er sofort jeden Studiengang an der Universität belegen können. Aber er wollte unbedingt zur Bundeswehr. Er sagte, es sei seine Pflicht, dort seinen Dienst zu tun.“

„Aber das ist doch Unsinn.“

„In meinen Augen war es das auch. Ich konnte es nicht verstehen. Aber er bestand darauf. Er ließ sich nicht davon abbringen. Ich ...“, sie schlug die Augen nieder. „Hätte ich mich bloß gegen ihn durchgesetzt, hätte ich es ihm doch ausreden können. Es ist meine Schuld.“

„Eines verstehe ich dabei nicht. Ein insulinpflichtiger Diabetes ist ein Grund für die Ausmusterung, ohne wenn und aber. Wie ist es ihm dennoch gelungen zum Bund zu kommen und warum wurde er nicht nachträglich ausgemustert, nachdem seine Krankheit dort bekannt wurde? In meinen Augen ist es völlig unmöglich, dass er sie verheimlichen konnte.“

Sie runzelte die Stirn. „Das hängt mit „Onkel“ Ernst zusammen.“

„Dem Verwandten eures Vaters. Welchen Rang, sagtest du, bekleidet er?“

„Bataillonskommandeur.“

„Ist das denn ein hoher Posten? Ich kenn mich da nicht so aus.“

„Er ist der oberste Chef seiner Kaserne.“

„Aha. Und er hat Daniel geholfen, zur Armee zu gehen, und hat ihn gedeckt?“

Sie nickte. „Genauso war es.“

„Aber warum hat er sich darauf überhaupt eingelassen? Ich meine, wenn das herauskommt, dann ist seine Karriere doch beendet."

Ihre Augen funkelten. „Natürlich, und ich habe ihn auch zur Rede gestellt, weil ich sein Verhalten verantwortungslos fand. Aber für ihn war das einzig und allein Daniels Entscheidung. Er sagte, wenn Daniel unbedingt zur Bundeswehr wolle, dann würde er ihm helfen.

Ich glaube, dass er vor allem stolz darauf war, dass Daniel zu seiner Truppe wollte. Ernst ist durch und durch Soldat. Ausgemusterte und Verweigerer sind für ihn Schlappschwänze und Drückeberger. Umso mehr hat es ihn, glaube ich, gefreut, dass Daniel sich trotz seiner Krankheit entschloss, zur Bundeswehr zu gehen."

Ein Augenblick des Schweigens folgte, während ich über ihre Worte nachdachte. Sylvia erhob sich, um eine neue Flasche Wasser zu holen.

„Vielleicht sollten wir einmal mit eurem „Onkel" sprechen", schlug ich vor, „er hat Daniel in der Kaserne erlebt. Möglicherweise ist ihm etwas aufgefallen."

Für einen Moment wirkte sie überrascht. „Natürlich, das ist eine gute Idee", sagte sie dann. Sie sah mich mit leuchtenden Augen an. „Eine prima Idee!", sie wirkte geradezu begeistert. „Ich weiß nicht, warum ich bisher nicht selber darauf gekommen bin. Vielleicht lag es daran, dass er, als er mich anrief, so überzeugt davon schien, dass Daniel einem Unfall zum Opfer gefallen war. Aber natürlich, du hast völlig Recht, wir sollten mit ihm sprechen. Er muss uns einfach glauben, er muss uns helfen."

Untersuchungsergebnisse

Ich war an diesem Morgen mehr als zerstreut bei der Arbeit. Sylvias Bild vor Augen machte es mir nahezu unmöglich, eine vernünftige Sprechstunde abzuhalten. Soeben fragte ich die vor mir sitzende Patientin bereits zum dritten Mal nach ihren Symptomen, weswegen sie mich ungläubig, ja sogar ein wenig misstrauisch ansah.

„Wie ich schon sagte, Heiserkeit und Halsschmerzen."

„Mmh, Laryngotracheitis", murmelte ich vor mich hin. „Ich schreib Ihnen was auf."

„Wollen Sie mir nicht in den Hals gucken? Vielleicht sind es ja die Mandeln."

„Äh ja, natürlich, das hatte ich ohnehin vor. Wo habe ich denn die...?" Ich begab mich zerstreut auf die Suche nach meiner Lichtquelle, und bat die Patientin, den Mund zu öffnen.

„Und?", fragte die Patientin, „sind es die Mandeln?"

„Ja, Sie hatten Recht, die Mandeln sind ziemlich geschwollen und gerötet. Ich schreib Ihnen ein Antibiotikum auf."

„Sind Sie sicher, dass das sein muss?"

„Nicht unbedingt. Aber es kann auch nichts schaden."

Langsam schlich sich in die Augen der Patientin ein furchtsamer Glanz.

„Ich denke, wir probieren es erst mal ohne irgendwelche Medikamente", schlug sie vor, „im Grunde geht es mir heute auch schon wieder besser als gestern." Sie stand auf und schüttelte mir hektisch die Hand. „Wenn es nicht wird, dann komme ich halt noch mal wieder." Ihr Aufbruch glich einer Flucht.

Erleichtert atmete ich auf, als endlich die Mittagspause anbrach. Ich hatte mich mehr schlecht als recht durch den

Vormittag gekämpft und zweifelsohne einige meiner treuesten Kunden konsterniert nach Hause entlassen.

Ich griff nach dem Telefonhörer, widerstand jedoch der Versuchung, Sylvia anzurufen, und legte ihn wieder beiseite. Ich wollte ja schließlich nicht allzu Besitz ergreifend wirken. Ich beschloss, lieber in den Tagträumen zu schwelgen, die ich mir während des Vormittags hatte versagen müssen, und die mich dennoch unermüdlich heimgesucht hatten.

In diesem Moment klingelte das Telefon und riss mich unbarmherzig aus meinen Träumen.

„Hier Praxis Dr. Lutz, bin selbst am Apparat“, meldete ich mich kurz angebunden.

„Ich bin es, Ansgar.“

Es dauerte einen Augenblick, bis ich begriff, denn ich hatte nicht erwartet, dass er mich so schnell zurückrufen würde.

„Wir sind fertig mit der Obduktion“, sagte er, „du wolltest doch Bescheid erhalten.“

„Und?“, fragte ich.

„Wir haben in seinem Blut Benzodiazepine und Barbiturate gefunden; alle übrigen Werte waren unauffällig.“

„Tranquilizer und Schlaftabletten? Er hat Schlaftabletten eingenommen?“ Sollte es doch ein Suizid gewesen sein? „Kann ..., ich meine, waren es genug, um daran zu sterben? Hatte er auch Alkohol in seinem Blut?“

„Nein“, erwiderte Ansgar, „wir fanden nur geringe Spuren der Medikamente. Selbst wenn ich berücksichtige, dass wir den genauen Todeszeitpunkt nicht kennen, und wir deshalb nur ungefähr die Ausgangswerte bestimmen können, hätte die Dosis niemals gereicht, um sich umzubringen. Und Reste von Alkohol fanden sich überhaupt keine.

Am Befund hat sich somit nichts geändert. Er kann die Tabletten schon am Abend zuvor eingenommen haben. Auf jeden Fall ergeben sich keine Hinweise auf Fremdeinwirkung. Einen Suizid können wir natürlich nicht endgültig ausschließen, aber auch nicht belegen. Und so werde ich auch meinen Bericht verfassen. Ich habe bereits mit den zuständigen Stellen gesprochen. Wir geben den Körper zur Bestattung frei."

„Ja", erwiderte ich, „danke, dass du mich so schnell angerufen hast."

„Keine Ursache."

Als ich den Telefonhörer auflegte, lehnte ich mich in meinem Sessel zurück und versuchte meine Gedanken zu ordnen. Benzodiazepine und Barbiturate! Natürlich bewies ihr Vorhandensein in Daniels Blut nichts, doch es warf zumindest einige Fragen auf.

Wie zum Beispiel war Daniel an die verschreibungspflichtigen Medikamente gekommen? Ich wusste sicher, dass ich sie ihm nicht verordnet hatte. Warum aber hätte er sie sich von einem anderen Arzt verschreiben lassen sollen, da er sich doch regelmäßig sein Insulin bei mir abholte, und ich sie ihm - bei Bedarf - hätte ebenfalls geben können?

Obwohl es bisher keinen Beweis dafür gab, drängte sich mir immer stärker ein Gedanke auf: Waren ihm die Tabletten womöglich ohne sein Wissen verabreicht worden?

Krankenbesuch

Auf dem Flur begegnete ich einem Arzt. „Ich suche Herrn Thon“, sprach ich ihn an.

„Sind Sie mit ihm verwandt?“

„Nein, nein, ich komme im Auftrag seiner Tochter, ich bin ihr Hausarzt.“

„Worum geht es denn?“

„Ich wollte nur erfahren, wie es um ihn steht.“

Er nickte. „Kommen Sie mit mir.“ Er bot mir in seinem engen Zimmer, auf dessen Tisch sich Patientenpapiere und Briefe übereinander türmten, einen Platz an, nachdem er einen Stapel Akten vom Stuhl entfernt hatte. Ich fühlte mich an meine eigene Krankenhauszeit erinnert.

„Es erstaunt mich, dass ausgerechnet die Tochter sich plötzlich um ihn sorgt. Sie hat bisher niemals erkennen lassen, dass sie die Gesundheit ihres Vaters auch nur im Geringsten kümmert. Sein Sohn hingegen war manchmal da, um nach ihm zu schauen.“

„Nun, sie ist besorgt. Weshalb sie ihn bisher nicht besucht hat, kann ich nicht beurteilen. Sie bat mich nur als ihr Hausarzt, mich nach ihm zu erkundigen.“ Ich wunderte mich, wie selbstverständlich mir die Lüge über die Lippen kam.

„Die Encephalopathie ist bereits weit fortgeschritten“, führte mein Gegenüber aus. „Sie wissen ja selbst, wie das ist. Wann immer wir den Aszites versuchen auszuspülen, trübt er mehr und mehr ein. Das ist eine ständige Gratwanderung, und wie es um seine Leberwerte steht, das werden Sie an seiner Hautfarbe sehen. Um ehrlich zu sein, glaube ich nicht, dass er es noch lange machen wird. Das letzte Mal hatten wir ihn vor circa einem Monat mit einer Ösophagus-varizenblutung auf Station. In meinen Augen war es ein halbes Wunder, dass er sich wieder erholt hat. Aber er ist zäh. Ich kann mich gar nicht mehr erinnern, wie oft er in den letzten Jahren bei uns stationär aufgenommen wurde. Wir dachten schon ein paar Mal, das sei jetzt sein Ende. Aber er hat sich jedes Mal berappelt. Pankreatitis, Magenperforation, Delir, alles war dabei; er lag mehrfach bei uns auf der Intensivstation. Wenn er zu uns kam, war er immer am Ende. Wir päppelten ihn auf und schickten ihn wieder ins Altenheim zurück, damit er dort wieder mit dem Trinken beginnen konnte. Aber ich glaube, diesmal packt er's endgültig nicht mehr."

„In welchem Zimmer liegt er denn?"

„In Zimmer 204. Sagen Sie seinem Sohn, wenn Sie ihn sehen, schöne Grüße von mir. Er ist der einzige, der sich um ihn gekümmert hat. Ein angenehmer Mensch, unaufdringlich und freundlich."

„Das werde ich tun, und vielen Dank für die Auskunft", erwiderte ich.

Es war lange her, dass ich in der Uniklinik gearbeitet und meine Nachtdienste geschoben hatte. Ich kannte niemanden mehr, doch die Stationsaufteilung war unverändert geblieben.

„Zimmer 204, den Flur runter, das vorletzte auf der linken Seite!", wies mir die Stationsschwester den Weg. Ich öffnete die Tür und befand mich in einem Sechsbettzimmer, das unverkennbar den Kassenpatienten vorbehalten war. Mich an den Namen, die am Fußende des Bettes standen, orientierend, trat ich zu Sylvias Vater. Dieser Mann, das sah ich auf den ersten Blick, hatte nicht mehr lange zu leben. Die Haut war tiefdunkel gelb verfärbt, und als ich mich über ihn beugte, nahm ich den unverwechselbaren Geruch nach Leber wahr. Sylvias Vater hatte die Augen geschlossen.

„Herr Thon", sprach ich ihn leise an. Mühsam schlug er die Augen auf.

„Ich bin müde“, sagte er, „ich möchte schlafen.“

„Ich komme wegen Daniel“, beharrte ich.

„Daniel, wer ist Daniel?“ Er sprach langsam und schwer. Mühsam suchte er nach den Worten. Dabei richtete er sich ein wenig auf und blickte mich aus leuchtend gelben Augen an. Die Arme zitterten und seine Haut war von geröteten Äderchen überzogen. Als er sprach, wurde der Geruch seiner Krankheit so stark, dass ich einen Anflug von Übelkeit verspürte. Die Augäpfel bewegten sich unruhig in ihren Höhlen. Er erinnerte sich.

„Daniel. Es geht ihm doch gut?“

„Es geht ihm gut“, sagte ich und dann, „schlafen Sie ruhig, es geht ihm gut.“ Gehorsam legte er sich zurück und schloss wieder die Augen.

Einen Augenblick stand ich zögernd. Ich fragte mich, was mich überhaupt hierher geführt hatte, noch dazu ohne Sylvias Wissen. Wollte ich mehr über Daniel erfahren oder war es eher der Versuch, Sylvia näher zu kommen, indem ich ihren Vater aufsuchte, um mir ein Bild von ihrer Vergangenheit zu machen?

Was auch immer der Grund gewesen sein mochte; warum sollte ich diesem Mann wehtun? Wem nützte es? Daniel war tot, und sein Vater würde ebenfalls bald sterben. Von ihm würde ich nichts erfahren. Leise verließ ich das Zimmer.

Verwandte

Sylvia und ich fuhren auf dem Weg zu ihrem „Onkel", dem Bataillonskommandeur, über die Berliner Straße nach Wiesbaden hinein, als mir plötzlich ein blauer Punto auffiel, der uns schon seit Erbenheim folgte, und wie mir schien, ständig den gleichen Abstand zu uns hielt. Vielleicht sah ich in letzter Zeit zu viele Krimis im Fernsehen, doch als ich probeweise mein Tempo verlangsamte, machte der blaue Punto, im Gegensatz zu den anderen Fahrern, keine Anstalten mich zu überholen. Was zur Hölle hatte das zu bedeuten? Welchen Grund sollte jemand haben, mich oder Sylvia zu beschatten? Ich spürte ein unangenehmes Kribbeln im Bauch, als ich auf die Wilhelmstraße bog und der Punto uns noch immer unverändert folgte.

Gerade jedoch, als ich Sylvia von unserem Verfolger erzählen wollte, bog der Andere plötzlich ab, und so angestrengt ich auch im Rückspiegel den Verkehr hinter mir beobachtete, der blaue Punto tauchte nicht mehr auf. Schließlich, wir hatten schon Sonnenberg erreicht, entspannte ich mich wieder. Scheinbar begann ich langsam Gespenster zu sehen.

Als wir ausstiegen, breitete sich vor uns ein beeindruckender Bau aus. Das Haus von Ernst Thon und seiner Frau lag an den Ausläufern des Taunus, über dem Wiesbadener Vorort Sonnenberg. Über zwei Stockwerke lehnte es sich an den steilen Hang. Drei große Balkone öffneten sich zur darunter liegenden Stadt hin. Offensichtlich verdiente man bei der Bundeswehr ab einem bestimmten Dienstgrad recht gut.

Über eine steile Treppe, die durch einen kleinen, von Taxushecken eingeschlossenen Vorgarten führte, betraten wir die Eingangshalle, von der eine Wendeltreppe in den ersten

Stock empor führte. Dahinter öffnete sich ein helles, weit angelegtes Wohnzimmer. Anna hätte die Bilder an den Wänden bestimmt sofort zuordnen können, denn sie wirkten erlesen und kostbar. In den Vitrinenschränken des Wohnzimmers standen Porzellanfiguren, Bücher, kleinere Vasen und Statuen, die aus aller Herren Länder zu stammen schienen. Alles in allem war die Präsenz von Geld nicht zu übersehen. Das ganze Ensemble wirkte jedoch durchaus geschmackvoll, eher zurückhaltend als aufdringlich, eher wohlbedacht ausgesucht, als zum Protzen zusammengekauft.

Auch Ernst Thon und seine Frau passten perfekt in die von ihnen geschaffene und gestaltete Welt. Sie waren distinguiert und mit sicherem Geschmack gekleidet, und ich hatte keinen Zweifel daran, dass das nicht allein mit unserem Besuch zu tun hatte, sondern vor allem ihrer Gewohnheit entsprach.

Zu behaupten, ich hätte kein Lampenfieber verspürt, als ich den beiden gegenübertrat, wäre eine glatte Lüge gewesen. Sylvias Verwandte empfingen mich indes herzlich und offen. Während seine Frau sich im Hintergrund hielt, nahm sich Ernst Thon sofort meiner an, nachdem ich den beiden mein Beileid ausgesprochen hatte. Ich sollte mir unbedingt aus seiner Hausbar etwas zu trinken aussuchen. Normalerweise nahm ich niemals alkoholische Getränke, die stärker als Wein waren, zu mir, doch ich wollte nicht unhöflich sein.

Während wir an der Bar standen und er mich über meinen Beruf ausfragte, betrachtete ich mir Ernst Thon genauer. Er entsprach nicht im Geringsten dem Bild, das ich mir von Bundeswehrwürdenträgern in hohen Positionen gemacht hatte. Ich hatte erwartet, in seinem Gesicht die Spuren übermäßigen Alkoholgenusses wiederzufinden, hatte erwartet, er würde einen umfangreichen Hängebauch vor sich her tragen. Stattdessen aber wirkte er jugendlich und voller Elan. Seine Gesichtszüge waren energisch, ohne brutal oder vulgär zu sein. Die blauen Augen kontrastierten angenehm mit seinen nahezu schwarzen, nur an den Schläfen leicht ergrauenden Haaren. Einzig seine schmalen, weichen Lippen und ein etwas aufgesetzt wirkender Zug um die Mundwinkel störten das Gesamtbild.

Als wir zu den beiden Frauen zurückkehrten und uns setzten, überließ ich, wie abgesprochen, erst einmal Sylvia das Terrain, und so führte sie mich bei ihren Verwandten als den guten, unersetzlichen Hausarzt ein, der sich sogar in seiner Freizeit für seine Patienten engagierte.

Thons Frau, Christine, zeigte sich regelrecht gerührt über meinen Einsatz und fand es wundervoll, dass ich Sylvia in dieser schweren Stunde derart unterstützte. Sie sprach leise, aber sehr akzentuiert, während ihre zierliche Gestalt nahezu neben der ihres Mannes verschwand. Wenn ich jemals einer Frau begegnet war, die meiner Vorstellung von einer Elfe entsprach, dann war sie es. Ihr Gesicht hatte etwas Feines, zugleich sehr Klares an sich. Sie war zu dünn und an ihren Händen sprangen deutlich die Venen hervor. Ich musste kurz daran denken, wie angenehm unproblematisch es sein würde, in solch eine Vene eine Nadel zu legen.

Solcherart in ihre Betrachtung versunken, folgte ich der Unterhaltung, die sich zwischen Sylvia und ihrem Onkel entspann, anfangs nur am Rande. Plötzlich aber ertönte ein ungläubiger Aufschrei aus dem Mund unseres Gastgebers.

„Das kann ich nicht glauben!“, rief er. „Wer sollte das getan haben? Das ist doch Unsinn!“

„Glaubst du denn lieber daran, dass Daniel sich selbst umgebracht hat, oder sich beim Spritzen vertan hat?“, entgegnete Sylvia.

„Das ist doch keine Frage des Glaubens. Alles spricht dafür, dass es ein Unfall war. Und wenn wir jetzt in der ganzen Sache herumstochern, dann macht ihn das auch nicht wieder lebendig. Wem soll das etwas bringen? Das schafft nur unnütze Unruhe."

„Mir bringt es etwas", erwiderte Sylvia. „Und was meinst du mit Unruhe? Jemand hat ihm sein Leben genommen, noch ehe er es richtig gelebt hat, da kann man doch kaum von unnützer Unruhe sprechen, wenn ich herausfinden will, wer ihn getötet hat."

Ich spürte, dass sie kurz davor war, die Fassung zu verlieren, da plötzlich schaltete sich Christine Thon ein.

„Sylvia hat Recht", sagte sie, und ihre sanfte, zurückgenommene Stimme sorgte für überraschende Ruhe. „Wenn du ihr ruhig zuhörst", wies sie ihren Mann zurecht, „dann musst du ihr Recht geben. Für mich ist es, als hörte ich aus Sylvias Mund deine eigenen Worte. Du selbst hast immer betont, dass Daniel die Selbstbeherrschung und Disziplin in Person war."

Ernst Thon sah seine Frau überrascht an. Mit diesem Angriff aus den eigenen Reihen hatte er wohl nicht gerechnet. Er wand sich, hob den rechten Arm zur Stirn, ließ ihn wieder sinken; sein Blick wanderte kurz ziellos umher.

„Ich weiß nicht. Vielleicht habt ihr beide wirklich Recht", gab er schließlich nach, „und ich will es nur nicht wahrhaben. Schon als ich hörte, wie er gestorben ist, konnte ich es kaum glauben.

Aber, nur einmal angenommen, es würde sich tatsächlich um einen Mord handeln: Was könnten wir schon tun? Es gibt keine Beweise. Die Ärzte gehen davon aus, dass es entweder Selbstmord oder ein Unfall war. Welche Aussicht hätten wir, dass uns jemand zuhört oder gar glaubt?"

„An seinem Körper wurden Blutergüsse gefunden und in seinem Blut eine Menge Schlaftabletten. Wenn wir annehmen, dass er Opfer eines Mordes wurde, liegt da nicht der Gedanke nahe, dass der Mörder aus den Reihen der Bundeswehr kommt, aus deiner Kaserne?" Sylvia schien sich wieder gefasst zu haben. Dafür wich jetzt alle Farbe aus Thons Gesicht.

„Das kann nicht sein“ empörte er sich, „ich verbürge mich für meine Soldaten!“

„Für jeden einzelnen?“, fragte Sylvia. „Du hältst es zumindest für möglich, dass er ermordet worden sein könnte. Das hast du selbst eingeräumt, und seine Leiche wurde in der Kaserne gefunden. Aber du meinst, es kann keinesfalls jemand aus der Kaserne gewesen sein?“ Auch wenn ich ihren Unmut verstehen konnte, so überraschte mich doch Sylvias aggressiver Ton.

„Ich weiß nicht, was ich glauben soll“, entgegnete Ernst Thon. „Ich habe keine Erklärung für die Blutergüsse und die Schlaftabletten. Aber was du da andeutest, Sylvia, ist völlig absurd!“

„Vielleicht ist er in irgendetwas hineingeraten, dessen Tragweite er nicht ermessen konnte“, wandte Sylvia ein. „Vielleicht geht etwas in deiner Kaserne vor, von dem du selbst nicht die geringste Ahnung hast.“

„Niemals!“, entgegnete Ernst im Brustton der Überzeugung. „Das ist völlig ausgeschlossen!“

Wieder schaltete sich seine Frau ein. „Woher willst du das so genau wissen? Es hat keinen Sinn so zu tun, als wüsstest du alles. Zieh doch wenigstens Sylvias Theorie in Erwägung.“ Schweigen entstand.

„Aber was soll ich tun?“, fragte Ernst dann überraschend kleinlaut. „Worüber wir hier sprechen, das ist blanke Vermutung. Wir müssten zur Polizei gehen, ohne wirklich etwas in der Hand zu haben. Das ist euch doch klar. So kann ich doch keine offizielle Untersuchung erwirken; ich würde meinen Ruf und meine Karriere aufs Spiel setzen.“

„Es bleiben immer noch die Blutergüsse und die Schlaftabletten“, warf ich ein.

Ernst Thon warf mir einen Blick zu, aus dem das anfängliche gönnerhafte Wohlwollen gänzlich verschwunden war.

„Aber nach Aussagen des Pathologen stehen sie doch in keinem Zusammenhang mit Daniels Tod. Was also kann ich tun? Es ist völlig unrealistisch bei diesem Stand der Dinge eine Untersuchung anzustrengen. Mir sind die Hände gebunden."

Sylvia schien für einen Augenblick entmutigt, dann runzelte sie die Stirn.

„Du hast Recht", sagte sie, „wir müssen etwas auf eigene Faust unternehmen, sozusagen „inkognito". Wir brauchen jemanden, der in der Kaserne unauffällig nach Spuren sucht."

Ganz nette Idee, überlegte ich bei mir, doch wo wollte Sylvia jemand herbekommen, der diese Rolle übernahm? Wer war verrückt genug, sich auf so etwas einzulassen? Plötzlich ging ein Leuchten über ihr Gesicht und sie wandte sich mir zu.

„Du könntest doch vielleicht...", sie lächelte mich an, „du sagtest doch, dass du für die nächsten zwei Wochen deine Praxis schließen willst. Ernst könnte dich als Reservedienstgrad in die Kaserne einschleusen, und du könntest sozusagen verdeckt ermitteln."

„Nein", stammelte ich, „nein, das geht nicht!" Ich fühlte mich, als hätte mir jemand einen Schlag in den Magen versetzt. Sylvia blickte mich aus unschuldig bittenden Augen an, doch ich war fest entschlossen, ihr nicht nachzugeben.

„Ich bin Arzt, ich tauge nicht zum Detektiv und bin zudem Kriegsdienstverweigerer. Außerdem brauche ich nachts mein eigenes Zimmer und meine Ruhe. Und ich vertrage keine Befehle. Ich trage nur leichtes Schuhwerk und ..." Verzweifelt suchte ich nach Ausreden.

Sie nickte traurig. „Du hast Recht. Es tut mir Leid, dass ich dich so überrumpelt habe. Es war nur eine Idee, eine Bitte. Ich hatte darauf gehofft, dass Du mir helfen würdest."

„Wie stellst du dir das überhaupt vor? Soll ich hingehen, mich ans Tor stellen und sagen: Ich habe damals verweigert, würde jetzt aber gern ein paar Tage in Ihrer Kaserne verbringen, es müsste aber jetzt gleich sein und dürfte natürlich nicht zu lange dauern. Ich würde ihnen auch nicht zur Last fallen, sondern nur ein paar merkwürdige Fragen stellen und für Unruhe sorgen."

Zwar tat es mir Leid, der Frau, in die ich mich verliebt hatte, so heftig zu antworten, doch ließ mir ihr abstruser Vorschlag keine andere Wahl; so gänzlich war ich ihr denn doch noch nicht verfallen, dass ich mich freiwillig ihr zuliebe in eine Kaserne begeben hätte.

„Ist ja gut. Du brauchst nicht ironisch zu werden."

Ich atmete tief durch. Ich hatte sie nicht verletzten wollen, und zweifelsohne war jetzt der Nimbus des perfekten, allzeit bereiten Arztes bei unseren Gastgebern zerbrochen. Aber was dachte sich Sylvia auch dabei, mir solch einen Vorschlag zu präsentieren?

Sylvia blickte zu Ernst Thon hinüber.

„Nein", kam dieser mir zu meiner Erleichterung entschlossen zu Hilfe. „Doktor Lutz hat völlig Recht. Außerdem würde ich mit so was meine Karriere riskieren. Wenn das Ganze auffliegen würde, dann hätte ich mich komplett zum Narren gemacht und wäre meinen Posten los, und das jetzt, wo möglicherweise meine Beförderung vor der Tür steht. Nur damit du im Bilde bist", wandte er sich an Sylvia, „ich bin in das Auswahlverfahren der Kommission aufgenommen worden, und aus sicheren Quellen weiß ich, dass meine Chancen gut stehen. Ich kann bald General sein, verstehst du, General, ich kann ganz oben sein!" Er breitete theatralisch die Arme aus. „Aber nein", fügte er sarkastisch hinzu, „warum sollte ich General werden, lieber lass ich mich auf Hirngespinste ein und bereite in Ruhe meinen Ausstieg aus der Armee vor."

„Das meinst du nicht wirklich“, schaltete sich plötzlich und unerwartet seine Frau ein. „Sylvias Idee ist gut; sie ist die einzige Möglichkeit, wie ihr der Sache auf die Spur kommen könnt.“ Ich glaubte meinen Ohren nicht zu trauen.

„Eine offizielle Untersuchung ist unter diesen Umständen natürlich nicht möglich, aber dass du das Ganze einfach so auf sich beruhen lassen willst, das kann ich nicht glauben!“

„Du hast schließlich auch dafür gesorgt, dass Daniel trotz seiner Krankheit zur Bundeswehr gehen konnte“, setzte Sylvia noch einen oben drauf. „Du hattest Verantwortung für ihn. Du schuldest ihm das.“

Ernst Thon wirkte jetzt auf mich wie ein von der Hundemeute in die Enge gedrängter Fuchs.

„Nein!“, erwiderte er mit dem Mut der Verzweiflung, „und nochmals nein! Auf keinen Fall werde ich zulassen, dass er“, die Geste mit der er auf mich wies, wirkte für meinen Geschmack entschieden zu abwertend, „in meiner Kaserne rumschnüffelt und uns beide zum Gespött macht!“

Alle außer mir

„Du bei der Bundeswehr?“, Anna strahlte mit dem sonnigen Morgen um die Wette. „Prima Idee, du bist doch wie geschaffen dafür. Und ein bisschen körperliche Betätigung würde dir auch gut tun.“

„Wie bitte?“, echote ich. „Du hältst das Ganze also auch für eine gute Idee?“

„Wo denkst du hin? Ich halte das Ganze für mehr oder weniger schwachsinnig, aber die Vorstellung, wie du in Reih und Glied marschierst und deine Stiefel putzen musst, gefällt mir.“

„Sehr witzig! Ich mache mich doch dort zur Lachnummer des Jahres. Und nicht nur das: Wenn ich auffliege und die rauskriegen, dass ich gar nicht zu ihrem Verein gehöre, dann habe ich bestimmt in Nullkommanichts ein Verfahren am Hals, wegen unrechtmäßigem Tragen einer Uniform, wegen Amtsanmaßung, wegen Spionage, keine Ahnung weshalb. Dann bin ich dran, komm in den Knast, bekomm die Approbation aberkannt. Ich darf gar nicht daran denken, sonst wird mir übel.“

„Auf der anderen Seite hast du ihr deine Hilfe zugesagt und bist außerdem hoffnungslos in sie verknallt. Sie wird schrecklich enttäuscht sein, wenn du doch noch einen Rückzieher machst.“

Zielsicher hatte sie den Finger auf meine Wunde gelegt. Letzten Endes hatte ich mich selber in eine ausweglose Situation manövriert.

„Wie hat sie denn überhaupt ihren „Onkel“ rumgekriegt?“

„Das war nicht sie, das war seine Frau. Und ich kann dir gar nicht genau sagen, wie sie es letztendlich angestellt hat. Zwischendrin hat sie ihn kurz ins Nebenzimmer gezogen, um dort mit ihm unter vier Augen zu sprechen. Als sie zurückkamen, hat er sich noch immer gewunden, wie ein Fisch an der Angel, aber am Schluss hat er sich doch gefügt. Ich hab keine Ahnung, wie ihr Frauen das immer macht, aber jedenfalls stand es plötzlich drei zu eins gegen mich."

„Tja, und du bist nun wirklich nicht zum Spielverderber geboren."

„Nun ja, Sylvia sah mich so hilfesuchend an. Was sollte ich tun?"

Anna grinste übers ganze Gesicht.

„Na, was schon? Ab zum Bund mit dir!"

Scharade

„Okay, wollen mal schauen, was wir für Sie haben." Ernst Thon suchte in seinem Schrank.

„Sie haben ungefähr dieselbe Statur wie ich", murmelte er vor sich hin. Das allerdings war eine eher euphemistische Einschätzung. Er überragte mich um einen halben Kopf und die Zeiten, in denen ich so schlank wie er gewesen war, lagen nun doch schon eine ganze Weile zurück. Er legte eine Jacke und eine Hose in „modischem" Olivgrün heraus.

„Probieren Sie mal diese Stiefel!" Es kam mir vor, als ob die Dinger an jeder nur erdenklichen Stelle drückten.

„Macht nichts", erwiderte er auf meinen Einwand, „passen Sie nur auf, dass Sie sie mir nach der ganzen Geschichte sauber zurückgeben."

Die anfängliche Sympathie, die er bei unserer ersten Begegnung mir gegenüber zur Schau getragen hatte, schien sich gänzlich verflüchtigt zu haben. Er behandelte mich kurz angebunden und von oben herab. Fast wurde ich in meinem Entschluss wieder schwankend, doch ich hatte es Sylvia versprochen.

„Wollen mal schauen, welches von meinen alten Rangabzeichen Ihnen am besten steht." Ich traute meinen Augen kaum; in einer Schublade lagen fein säuberlich geordnet unzählige Abzeichen mit Balken, Sternen und Laub.

„Hier, da war ich noch Fähnrich." Rührseligkeit schien ihn angesichts seiner Schätze überkommen zu wollen.

„War bestimmt eine schöne Zeit", bemerkte ich höflich, um unsere mittlerweile belastete Beziehung etwas zu entkrampfen. Er aber schien mit einem Unwissenden seine Erinnerungen nicht teilen zu wollen. Ohne ein weiteres Wort griff er ein Paar Abzeichen.

„Sie sind nun Leutnant. Hier! Befestigen Sie die auf den

Schultern Ihrer Jacke." Er überlegte kurz. „Sie sind ein Einzelkämpfer", entschied er dann, „das macht bei den Soldaten immer Eindruck."

Mir erschien die Vorstellung, einen Einzelkämpfer mimen zu müssen, mehr als unpassend. Ernst Thon jedoch versicherte mir, er habe sich das reiflich überlegt.

„Einzelkämpfer", sagte er, „das sind harte Hunde, die umgibt eine Aura von Kraft und Geheimnis; da haben die anderen wenigstens so lange vor Ihnen Respekt, bis sie begreifen, dass Sie ein Scharlatan sind. Sie können sich als Einzelkämpfer Dinge erlauben, die sich ein normaler Soldat nicht getrauen würde, und genießen in mancher Hinsicht quasi eine Art Narrenfreiheit. Ich denke, Sie können sie gebrauchen."

Allmählich gingen mir seine gereizten und überheblichen Bemerkungen zu weit. Ich überlegte, ob ich die zwischen uns herrschende Verstimmung beseitigen sollte, indem ich ihm versicherte, dass mir Sylvias Plan mindestens so schwer im Magen lag wie ihm selbst. Doch schien er mir für solche Verbrüderungsangebote zurzeit kein offenes Ohr zu haben. Außerdem hatte ich ja auch noch meinen Stolz. Nun gut, ich war unerwünscht, aber hatte ich es deshalb nötig mich anzubiedern? Bestimmt nicht!

Nach einer kurzen Begutachtung meiner neuen Kleidung, die offensichtlich zu Ernst Thons Zufriedenheit ausfiel, folgte ein Crash-Kurs in Militärwissen, dass mir die Ohren nur so schlackerten. Ich lernte zu grüßen und die Dienstgrade auseinander zu halten, lernte den ungefähren Aufbau und die Rangordnung innerhalb des Bataillons, tausend Regeln und Vorschriften, von denen ich die Hälfte gleich wieder vergaß.

Dann erläuterte er mir seine Vorstellung, wie man Sylvias Plan am unauffälligsten in die Tat würde umsetzen können. Ich sollte so wenig wie möglich in den regulären Tagesablauf eingebunden sein; mein Besuch in der Kaserne sollte nach außen hin dazu dienen, mir ein Bild vom Ausbildungsstand der Kompanie zu machen. Das würde die offizielle Erklärung für meine Anwesenheit sein.

Trotzdem, schlug er vor, würde es nicht schaden, wenn ich nicht nur meiner Detektivtätigkeit nachging, sondern auch ab und zu, in wohlgesetzten und wohlüberlegten Momenten, in denen das Risiko einer Enttarnung gering war, mich in das alltägliche Geschehen integrierte.

Er erklärte mir daher ein paar Marschbefehle und den Tagesablauf vom Frühstück über den Morgenappell bis hin zum Zapfenstreich. Ich glaubte, der Kopf müsse mir platzen, doch es ging noch weiter; ich lernte die Bezeichnungen von Gewehren, von Fahrzeugen und von Panzern.

Lernen war indes das falsche Wort, denn die meisten Begriffe waren mir schon nach wenigen Minuten wieder entfallen. Zum Glück, oder Unglück, je nachdem von welcher Warte aus man es betrachtete, verfügte Ernst Thon über umfangreiches Informationsmaterial, so dass mir für den Rest des Sonntags noch ausreichend Gelegenheit zur Verfügung stand, um meine „Vokabeln" zu lernen.

Als ich schließlich mit einem Stapel von Druckstücken unter dem Arm bereits im Aufbruch begriffen war, gab Ernst Thon zum Abschluss unseres Treffens noch einmal seine Meinung über die ganze Unternehmung zum Besten.

„Das ist verrückt! Ich glaube, Sie werden sich kräftig blamieren und schlimmstenfalls mich auch. Rauskriegen werden Sie jedenfalls nichts. Ich glaube nicht, dass irgendjemand aus meiner Kaserne etwas mit Daniels Tod zu tun hat. Ich weiß wirklich nicht, warum ich mich auf dieses Kamikazeunternehmen überhaupt eingelassen habe."

„Frauen", seufzte ich, doch der Witz, der uns zu Waffenbrüdern machen sollte, verfing nicht.

„Wenn Sie auffliegen", erwiderte er, „zählen Sie nicht auf

mich. Sie stehen dann völlig allein da. Sie haben sich eingeschmuggelt, haben mich belogen; ich weiß von nichts!"

„Ja", erwiderte ich, „das dachte ich mir schon."

Der erste Morgen

Wie gewöhnlich klingelte mich der Wecker ohne Gnade aus dem Schlaf. Montagmorgen, der schrecklichste Tag der Woche brach an. Stöhnend und widerwillig wälzte ich mich hin und her und vergrub mich noch ein letztes Mal in mein Kopfkissen, ehe ich mich endlich aufraffte, um mich für die ersten Hausbesuche fertig zu machen.

In diesem Augenblick jedoch fiel mir siedendheiß ein, dass ich heute nicht in meiner Praxis erwartet wurde, sondern ... in der Kaserne! Fluchend setzte ich mich auf die Bettkante, während sich in meiner Magengegend ein unangenehmes Stechen breit machte. Das also war der Tag meiner Einberufung. Hastig rasierte ich mich, schlang ein Butterbrot hinunter und zog die Uniform an, die mir Ernst Thon geliehen hatte.

Auf der Fahrt über die noch immer teilweise von Schnee bedeckten Landstraßen des Taunus ging ich noch einmal die möglichen Szenerien durch, um mich wie ein Allergiker im Eilverfahren zu desensibilisieren. Doch die Magenschmerzen und das mulmige Gefühl wollten nicht weichen.

Als ich nach einer knappen halben Stunde die Kaserne erreichte, ließ ich langsam meinen Golf ausrollen und hielt am Schlagbaum. Das hohe, zweiflüglige Gittertor war geöffnet, und ein junger Soldat mit blau gefrorenen Lippen trat zu mir ans Auto.

„Darf ich Ihren Pass sehen?"

Etwas umständlich kramte ich in meiner dicken Winterjacke, bemüht, keine Nervosität zu zeigen.

„Lassen Sie sich Zeit!", versuchte mein Gegenüber mich zu beruhigen. Ich suchte nach einer passenden Antwort, als ich plötzlich meinen Ausweis in der Hand hielt, den Passierschein, den mir Ernst Thon ausgestellt hatte.

„Bitte sehr“, sagte ich und streckte ihm den Ausweis hin.

„Leutnant Lutz“, stellte er fest, nachdem er kurz darin geblättert hatte, „Sie stehen auf der Liste, der Oberst persönlich hat Sie angemeldet. Er erwartet Sie schon.“

„Sie brauchen dringend einen Arzt“, sagte ich zu dem jungen Soldaten, als er mir den Ausweis zurückgab. „Sie haben im Gesicht bereits Erfrierungen ersten Grades.“

Einen Augenblick sah er mich verständnislos an, dann lachte er kurz und trat vom Wagen zurück.

„Halt, nicht weglaufen!“, rief ich ihm zu. „Wie komme ich denn zum Oberst?“

„Immer geradeaus und dann, wenn es nicht mehr weiter geht, ist es das erste Gebäude links, Erdgeschoss, zweiter Raum links.“

„Vielen Dank.“

Er salutierte schneidig, während ich lässig mit dem Zeigefinger an meine Mütze tippte.

Im Schritttempo hielt ich Einzug in die Kaserne. Zu beiden Seiten reihten sich lang gezogene, dreistöckige Gebäude aneinander, die allesamt exakt die gleiche Architektur zeigten. In kurzen Abständen gingen zu beiden Seiten von der breit gehaltenen Hauptstraße kleinere Straßen in rechtem Winkel ab. Ich passierte ein, zwei größere Plätze, bis ich das Ende der Straße erreichte. Tatsächlich fand ich das Gebäude des Obersts ohne größere Probleme.

„Na endlich, da sind Sie ja, gerade noch rechtzeitig“, bemerkte Ernst Thon, als ich sein Zimmer betrat. „Seien Sie in Zukunft noch pünktlicher, dann könnte aus Ihnen doch noch ein guter Soldat werden.“

„Soll ich das als Lob oder als Beleidigung verstehen?“, versuchte ich zu scherzen, doch der Oberst war offensichtlich nicht zu Scherzen aufgelegt.

„Nun, wie Sie wissen, habe ich mich nicht darum gerissen, dass Sie bei uns Urlaub machen."

„Urlaub?", echote ich ungläubig.

„Schon gut", schnitt er mir weitere Bemerkungen ab. Er stand auf und kam mit großen Schritten auf mich zu. „Ich denke, wir haben jetzt genug geschwafelt. Lassen wir den Worten doch einfach Taten folgen. Kommen Sie mit!"

Feuertaufe

Als ich hinaus in die Kälte vor die versammelte Kompanie trat, verdoppelte sich mein Pulsschlag und meine Hände wurden feucht, doch glücklicherweise ergriff Oberst Thon sofort die Initiative. Er erwähnte kurz meine Ausbildung als Einzelkämpfer und erklärte, dass ich bereits verschiedene Kasernen besucht hatte, um dort den Ausbildungsstandard zu überprüfen. Er lobte mich als kompetenten Prüfer und drückte seine Zuversicht aus, dass die Ausbildung in seiner Kaserne meinen Ansprüchen genügen werde. Das alles kam ihm ohne Mühe von den Lippen, und in mein Staunen mischte sich Bewunderung dafür, wie problemlos er die Situation beherrschte.

„Also macht mir keine Schande!“, schloss er endlich, „Leutnant Lutz wird mir alles berichten, und ich dulde keine Mängel! Das gilt für die Unteroffiziere und Offiziere genauso wie für die Mannschaften. Rührt Euch!“

Er wandte sich zu mir. „Wenn Sie wollen, können Sie jetzt Ihr Frühstück in der Offiziersmesse einnehmen. Schließen Sie sich einfach meinen Offizieren an, ich selbst habe noch zu arbeiten. Wir sehen uns dann später.“

Erleichtert atmete ich auf. Die erste Hürde war glücklich genommen. Mit klammen Fingern und verfrorenen Zehen folgte ich den anderen. Kaum hatte ich in der Offiziersmesse Platz genommen, als sich auch schon zwei Offiziere „meiner Kompanie“ zu mir gesellten.

„Herzlich willkommen“, begrüßte mich der eine und streckte mir seine Hand hin, während ich seinen Gruß erwiderte.

„Ich bin Hauptmann Täubner und das ist Fähnrich Pfannenstiel.“ Ein feines Spinnennetz von Äderchen überzog die Nase meines Gegenübers. Er musste wohl schon jenseits der fünfzig sein. Das Kinn war spiegelglatt rasiert, doch die Haut seines Halses warf Falten, wie bei einer Kröte. Seine Hände waren von Runzeln und Altersflecken überzogen.

„Ich bin hier für die Versorgung des Standortes zuständig“, erklärte er.

„Mmh“, entgegnete ich.

„Wo haben Sie denn Ihre Ausbildung gemacht?“, fragte er mich. Der Brötchenbissen drohte mir im Hals stecken zu bleiben.

„In …, in Nordrhein-Westfalen“, log ich.

„Ah, bestimmt in Köln.“

„Genauso ist es.“

„Erstklassig, dort habe ich ebenfalls ein Jahr verbracht, aber das ist schon lange her. Ist denn der Ausbilder Meissner noch da?“

„Natürlich“, erwiderte ich, „nach wie vor einer der Besten und Härtesten.“

„Das hätte ich ja nicht gedacht. Er muss doch bald auf die Achtzig zugehen.“ Ich lachte krampfhaft, während ich spürte, wie sich feine Schweißtröpfchen auf meiner Stirn bildeten.

„Siebzig, er ist um die siebzig, aber immer noch ganz schön rüstig.“

Für einen kurzen Moment unterbrach er seine Fragerei, um sein Frühstücksei mit Hingabe zu köpfen. Verzweifelt überlegte ich, wie ich dem Gespräch eine andere Wendung geben konnte, bevor ich mich selbst bloßstellte. Ich erinnerte mich an die alte Weisheit, dass Angriff manchmal die beste Verteidigung darstellte.

„Ich habe gehört, es hat in dieser Kaserne vor wenigen Tagen einen Toten gegeben. Was ist denn da passiert?“

Das Frühstücksei des Hauptmanns erhielt einen ungewöhnlich schiefen Zuschnitt. Sein Nachbar indes würgte an einem offensichtlich steckengebliebenen Brötchenbissen.

„Sie meinen Daniel Thon?“

„Kannten Sie ihn denn? War er in Ihrer Kompanie?“, fragte ich nach. Nun hatte ich wieder Oberwasser. Der Hauptmann warf noch einen letzten unzufriedenen Blick auf das verstümmelte Ei und räusperte sich dann.

„Er war einer unserer Wehrdienstleistenden und gehörte zu meiner Kompanie. Er ist erfroren. Am letzten Wochenende hatten wir hier Minusgrade bis an die Zwanzig heran“, fügte er hinzu, als erkläre dies alles.

„Was für ein Drama“, erwiderte ich, „so ein junger Mann.“

Der Fähnrich, der sich ohnehin bisher kaum an der Unterhaltung beteiligt hatte, rückte seinen Stuhl ein wenig vom Tisch ab und schlug Arme und Beine so übereinander, dass er beinahe wie ein fest verschnürtes Paket aussah.

Wieder ergriff der Hauptmann das Wort. „Tatsächlich ein Drama“, sagte er, „wir sind alle ratlos, wie das passieren konnte. Ich weiß, das wirft ein schlechtes Licht auf die Kompanie und auf mich als ihren Leiter.“

„Nicht doch, nicht doch!“, beschwichtigte ich. „Es war ein Unfall. So was kann immer passieren. Vielleicht war Alkohol im Spiel?“

„Das bestimmt nicht“, schaltete sich plötzlich der Fähnrich ins Gespräch ein. „Der Gefreite Thon trank grundsätzlich keinen Alkohol.“ Der Fähnrich hielt kurz inne. „Er war sehr gewissenhaft und fleißig, ein guter Soldat“, fuhr er dann fort. „Er hat die ihm übertragenen Aufgaben immer zu meiner vollsten Zufriedenheit erledigt. Selbst als er für mich in der Verwaltung einspringen musste, als ich wegen einer Gehirnerschütterung außer Gefecht war, hat er sich in Nullkommanichts eingearbeitet. Er konnte perfekt mit dem Computer umgehen.“ Der Hauptmann warf ihm einen kurzen Blick zu.

„Das stimmt genau“, sagte er dann. „Er war in der Erledigung seiner Aufgaben einer unserer besten Soldaten."

Hätte Daniel noch ein Zeugnis gebraucht, er hätte mit dieser Formulierung durchaus zufrieden sein können. Eine kurze Pause entstand.

„Mehr weiß ich nicht über ihn", fügte der Hauptmann dann hinzu. „Er war schweigsam, hat kein Wort zuviel verloren."

„Hatte er denn Freunde in der Kompanie?" Die grauen Augen des Hauptmanns schweiften in unbestimmte Ferne.

„Sie sind wegen ihm hier, stimmt's?", fragte plötzlich der Fähnrich. „Wir dachten, die ganze Sache wäre erledigt; es war ein Unfall. Aber jetzt kommen Sie. Sie sollen nachprüfen, ob hier alles tatsächlich beim Rechten ist. So ist es doch, oder? Aber wir haben hier keine Leichen im Keller."

„Ich bin nicht wegen ihm hier", versicherte ich so überzeugend wie möglich, „und ich glaube nicht, dass sich irgendjemand etwas vorzuwerfen hat. Ich muss gestehen, ich wurde einfach nur neugierig, als ich die Nachricht in der Zeitung las und feststellte, dass sich der Unfall" - ich versuchte das Wort so wertfrei wie möglich auszusprechen - „ausgerechnet in der Kaserne ereignet hatte, die ich als nächste inspizieren sollte."

Ich war mir nicht sicher, ob ich damit wirklich ausreichend zur Beruhigung meiner Gesprächspartner beigetragen hatte. Auf der anderen Seite kam mir die überraschende Wendung, die das Gespräch nahm, im Grunde sogar gelegen. Ich würde ohnehin nur wenige Tage hier verbringen und musste versuchen, in dieser Zeit so viel wie möglich herauszufinden. So gesehen war es vielleicht gar nicht so schlecht, wenn man argwöhnte, ich könnte zu Untersuchungszwecken wegen des Todesfalles hier sein. Das Gerücht würde für Unruhe sorgen und im selben Atemzug vielleicht dafür, dass die Angst bei dem für Daniels Tod Verantwortlichen, wenn es denn wirklich einen solchen gab, zu Verunsicherung und Fehlern führte. Ich konnte es kaum fassen, aber tatsächlich begann ich mich in die Maskerade, die mir noch vor wenigen Stunden heftige Magenschmerzen bereitet hatte, mehr und mehr hineinzufinden.

„Aber um auf meine Frage zurückzukommen", beharrte ich daher, „hatte der Tote denn Freunde hier, in der Kaserne?"

„So weit ich weiß, war er nur mit dem Gefreiten Weitzel näher befreundet", entgegnete der Hauptmann.

„Nun ja", erwiderte ich, „vielleicht kann ich ja mal mit ihm reden, aber vor allem bin ich hier, um die Ausbildung zu begutachten und vielleicht den Rekruten noch den einen oder anderen Tipp geben zu können."

„Bestimmt können Sie das", erwiderte der Hauptmann, „bestimmt."

Hierarchie

Den Vormittag brachte ich damit zu, mich mit den Gebäuden und Institutionen der Kaserne vertraut zu machen und zuguterletzt mein Zimmer in Empfang zu nehmen, was mir, gelinde gesagt, einen Schock versetzte. Ich war davon ausgegangen, dass man als Leutnant ein bequemes Bett in einem geräumigen Zimmer mit Fernseher zur Verfügung gestellt bekam. Doch stattdessen empfing mich ein karges „Räumchen“, das nur mit einem Stuhl, einem einfachen Tisch, einem unbequem wirkenden Bettgestell und einem kleinen Waschbecken ausgestattet war. Das sollte für die nächsten Tage mein Zuhause sein? Mir grauste.

Zum Glück jedoch lenkte mich wenig später der Mittagsappell von meinen trüben Gedanken ab. Als ich allerdings in der Kantine auftauchte und mich an den Tisch der Unteroffiziere setzte, herrschte für einen Augenblick betretenes Schweigen, so als habe ich etwas Ungehöriges getan.

„Wollen Sie nicht im Offizierskasino essen?“, fragte mich, wenn ich seine Schulterklappen richtig deutete, ein Stabsunteroffizier. Die Worte waren schon draußen, da erst wurde ihm bewusst, dass sie durchaus auch als Unhöflichkeit missverstanden werden konnten.

„So war das natürlich nicht gemeint, wir freuen uns, dass Sie sich zu uns setzen...“, er suchte nach Worten, „nur, das ist etwas ungewöhnlich ... für Sie als Leutnant. Und das Essen im Offizierskasino ist bestimmt besser als hier.“

„Schon gut“, winkte ich gönnerhaft ab. „Ich bin einfaches Essen gewöhnt. Bei manchen unserer Durchschlagübungen habe ich mich tagelang nur von Beeren, zähen Elstern und Ähnlichem ernährt.“ Ich blickte in erstaunte Gesichter und hoffte, dass ich nicht zu dick aufgetragen hatte.

„Außerdem bin ich der Meinung“, fügte ich hinzu,

„dass ein wenig Nähe zwischen den Offizieren und den Mannschaftsdienstgraden nicht schadet. Ich denke, so kann ich mir am ehesten ein Bild von den Zuständen und der Qualität der Ausbildung machen." Das Erstaunen hielt sich beharrlich auf den Gesichtern.

„Gehören Sie zur dritten Kompanie?", fragte ich meinen Gesprächspartner.

Eilfertig bejahte er und begann sich und seine Banknachbarn, einen weiteren Stabsunteroffizier und zwei Unteroffiziere, vorzustellen. Er selbst hieß Markus Otter und wirkte durch sein rundes, weiches Gesicht ein wenig wie ein „Krapfen". Einige Sommersprossen um die Nase gaben seinem Gesicht etwas Kindliches, Liebenswürdiges.

Was einmal geklappt hatte, entschied ich, würde vielleicht auch ein zweites Mal funktionieren. „Ich habe gehört, am letzten Wochenende gab es einen Toten hier in der Kaserne?"

Die Augen der anderen richteten sich auf den unglücklichen Markus Otter, der sich in seiner Haut sichtlich unwohl fühlte.

„Ich war sein Zugführer", hob er an. „Keiner weiß, was genau passiert ist, aber soviel ist sicher: Es war ein Unglücksfall."

„Hmm", machte ich und wartete. Mein Schweigen verfehlte seine Wirkung nicht.

„Er ist erfroren", fügte er hinzu, „es war für uns alle ein großer Schock, denn er war einer unserer besten Rekruten, fleißig, schnell, stets einsatzbereit."

„Und schweigsam", ergänzte ich. Er sah mich verständnislos an.

„Ja, das war er", bestätigte er dann. „Er war sehr zurückhaltend und pflegte keine Freundschaften."

„Bis auf den Gefreiten Weitzel."

Sein Erstaunen war nicht zu übersehen. „Bis auf den

Gefreiten Weitzel, einen seiner Zimmergenossen", gab er mir Recht.

Für einen kurzen Moment herrschte Schweigen am Tisch.

„Daniel Thon hat sich niemandem anvertraut", fuhr Markus Otter dann fort. „Er passte in seiner Art nicht hierher, obwohl er einen guten Soldaten abgab. Er war anders."

„Inwiefern?"

„Er war ein Einzelgänger, und als solcher hat man es hier nicht leicht. Bei uns wird Kameradschaft groß geschrieben. Es gab keinen Grund, mit ihm unzufrieden zu sein. Aber er ist auch mit niemandem richtig warm geworden. Alle waren schockiert, als sie von seinem Tod hörten, aber ich glaube nicht, dass es irgendeinen wirklich berührt hat."

Er hielt inne, als sei er sich nicht sicher, ob er sich klar genug ausgedrückt hatte.

„Ich verstehe", erwiderte ich und hakte nach: „Hatte er denn vielleicht Probleme?".

„Nein, nein", mein Gesprächspartner hielt abwehrend seine Hände von sich gestreckt, „davon weiß ich nichts."

„Natürlich", erwiderte ich, „er hat sich ja niemandem anvertraut."

Da ergriff ein anderer Unteroffizier, Andreas Pahr war sein Name, das Wort.

„Der Einzige, der Ihnen vielleicht mehr sagen kann, ist der Gefreite Weitzel. Uns andere hat der Gefreite Thon links liegen lassen. Wir waren wohl nicht gut genug für ihn. Außerdem", er pausierte, „war es der Gefreite Weitzel, der die Leiche gefunden hat."

Pläne

„Sagen Sie mal, wollen Sie die ganze Maskerade gleich am ersten Tag auffliegen lassen?“ Schon als der Oberst mich rufen ließ, schwante mir, dass er mit meiner Art von Nachforschungen nicht allzu zufrieden war.

„Sie sind erst ein paar Stunden in der Kaserne und haben schon alles in Aufruhr versetzt! Der Hauptmann der dritten Kompanie beschwerte sich bei mir darüber, dass er nicht von mir informiert worden sei, dass es bei Ihrem Besuch nicht nur um eine Überprüfung der Ausbildungsmethoden geht, sondern wohl auch um eine Untersuchung wegen des verstorbenen Soldaten. Geradezu gekränkt, fragte er mich, ob von meiner Seite denn irgendwelche Zweifel an seiner Integrität und Befähigung vorlägen. Sie müssen ja ganz schön mit der Tür ins Haus gefallen sein!

Darüber hinaus wurde mir zugetragen, dass auch unter den Mannschaftsdienstgraden Unruhe entstanden ist. Alle halten Sie mittlerweile für einen Inspektor, den man wegen Daniels Tod geschickt hat. Meine Güte! Sie haben ja die Mentalität eines Holzhackers! Sie setzen sich da auf ein ganz schönes Pulverfass und mich, wenn das schief geht, oben drauf.

Ich dachte eigentlich, in Ihrem Beruf seien Diskretion und feinfühlige Vorgehensweise unabdingbares Rüstzeug, aber da habe ich mich wohl getäuscht.“

Ich räusperte mich, bemüht ruhig zu bleiben. „Um eines klarzustellen“, erwiderte ich. „So können Sie vielleicht mit Ihren Untergebenen reden, aber ich lasse mich nicht von Ihnen beleidigen! Schließlich sitzen wir beide im selben Boot. Und durch meine Befragungen weiß ich zumindest jetzt, wo ich ansetzen kann. Mir fehlt nur noch die Gelegenheit.“

„Also gut. Dann seien Sie doch so freundlich und teilen

mir mit, was Sie herausgefunden haben." Die Skepsis in der Miene des Obersts war nicht zu übersehen, doch ich ließ mich nicht entmutigen.

„Ich habe", erläuterte ich, „einen Freund, das heißt, wahrscheinlich den einzigen Freund Daniels ausgemacht. Vielleicht kann er uns weiterhelfen."

„Wer soll denn das sein?"

„Frank Weitzel, ein ehemaliger Zimmergenosse von Daniel."

„Ah ja, ich glaube mich zu erinnern. Daniel hat ihn einmal erwähnt. Aber ich hatte nicht den Eindruck, dass er diesem Weitzel allzu große Bedeutung beimaß."

„Nun, den Versuch ist es doch zumindest wert, denke ich. Ich muss nur irgendeinen Weg finden, sein Vertrauen zu gewinnen und ihn möglichst ungestört und unauffällig zu befragen."

Der Oberst kratzte sich nachdenklich am Kinn.

„Nun gut, vielleicht haben Sie doch Recht. Sie sollen Ihre Chance bekommen. Es gibt tatsächlich eine Möglichkeit, Ihren Wunsch zu erfüllen. Morgen steht ein Leistungsmarsch auf dem Programm", überlegte der Oberst. „Zwanzig Kilometer von Holzhausen aus, nur mit Karte und Kompass. Womöglich ergibt sich da eine Gelegenheit. Die Soldaten starten in Zweiergruppen. Ich könnte Sie und Rekrut Weitzel in eine Gruppe stecken. Natürlich nur, wenn Sie einverstanden sind und sich den Marsch zutrauen." Er warf mir einen spöttischen Blick zu.

„Wenn's weiter nichts ist", erwiderte ich.

Kälte

Um Punkt vier Uhr schreckte mich der Wecker unbarmherzig aus meinen Träumen. Im ersten Moment wähnte ich mich zuhause, in meinem eigenen Bett. Als ich jedoch vergebens nach dem Lichtschalter tastete und zudem im Aufstehen über ein Paar Stiefel stolperte, traf mich wie ein Keulenschlag die Erkenntnis, dass ein Leistungsmarsch auf mich wartete.

Ich versuchte mich damit zu beruhigen, dass ich als Jugendlicher oft zwanzig Kilometer und mehr gewandert war. Die Strecke sollte für mich also kein allzu großes Problem darstellen. Ich schlüpfte in meine Uniform, fummelte am Koppel herum, setzte mir mein Barett auf und war abmarschbereit. Im Gegensatz zu den Rekruten hatte ich zum Glück weder Gepäck noch Gewehr mit mir zu schleppen.

Es war stockfinstere Nacht, als ich das Gebäude verließ. Aus dem völlig klaren, eisigen Himmel leuchteten die Sterne fern und erbarmungslos auf einen Haufen dunkler Gestalten hernieder, die sich in der klirrenden Kälte versammelten. Wie an ein verlorenes Paradies dachte ich an das Bett in meinem Zimmer zurück, das ich anfangs so voreilig verschmäht hatte.

Doch blieb mir für sentimentale Gedanken nicht allzu viel Zeit, denn schon erfolgte das Zeichen zum Abmarsch, und während die Rekruten auf den Ladeflächen Platz nahmen, durfte ich mich neben den Fahrer eines jener LKW setzen, die uns in die Nähe unseres Startpunktes bringen sollten. Nach einer circa halbstündigen Fahrt wurden wir schließlich auf einem Parkplatz mitten im Wald ausgesetzt, von dem aus wir das letzte Stück Anmarsch zu Fuß bewältigen sollten. Als ich ausstieg, traute ich meinen Augen kaum, denn augenblicklich versank ich fast bis zu den Knien im

Schnee und war zum ersten Mal froh um die Stiefel, die Ernst Thon mir verpasst hatte.

Ich wollte es mir als „Einzelkämpfer“ natürlich dennoch nicht nehmen lassen, bereits während des Anmarschs bei den Vordersten dabei zu sein. Die Unteroffiziere legten jedoch ein derart strammes Tempo vor, dass ich Mühe hatte, mitzuhalten. Bald schon ging mein Atem stoßweise und überall in meinem Gesicht bildete der Schweiß Eiskristalle.

Ich ließ mich zurückfallen und begann mich zu fragen, wie lang diese Tortur wohl noch dauern würde, als plötzlich vor mir alle in die Knie gingen und sich am Wegrand verteilten. Im Glauben, mir eine wohlverdiente Pause gönnen zu können, tat ich es ihnen nur allzu gerne nach.

Schon wollte ich mich auf einem Baumstamm am Wegrand niederlassen, da bemerkte ich, dass die anderen in kniender Stellung verharrten und aufmerksam nach vorne starrten. Frank Weitzel, der, ebenfalls schon von der Anstrengung gezeichnet, mit mir zusammen das Schlusslicht der Marschkolonne bildete, sah mich entgeistert an. Ich entschied, dass es besser war, es den anderen gleich zu tun.

„Ein kleiner Scherz“, bemerkte ich zu ihm gewandt. Zum Glück hatte niemand sonst meinen Fauxpas bemerkt. Offensichtlich handelte es sich bei dem Ganzen um eine Übung, und so harrte ich schicksalsergeben mit den anderen zusammen im Schnee aus.

Mir begannen bereits die Beine in der ungewohnten Haltung einzuschlafen - oder froren sie ein? - als der Stabsunteroffizier mich durch eine neues Handzeichen endlich erlöste. Während alle sich erhoben, stützte auch ich mich etwas mühsam aus dem tiefen Schnee empor, um von neuem durch die winterliche Landschaft zu stapfen.

Der Anmarsch indes schien noch immer kein Ende nehmen zu wollen, und schließlich war ich vom Laufen im Tiefschnee so erschöpft, dass ich glaubte, keinen Schritt mehr gehen zu können. Zu meiner Überraschung jedoch trugen mich meine Beine auch über diesen Punkt hinaus, weiter und weiter. Wie ein Mantra begann ich gleichmäßig Flüche vor mich herzusagen. Tatsächlich entwickelte auch das Laufen an und für sich mit zunehmender Dauer eine meditative Wirkung auf mich. Mein Körper begann sich ohne mein Zutun vorwärts zu bewegen. Auch spürte ich die Kälte kaum noch, und die Schmerzen in meinen Schultern und Beinen hatten zwar nicht nachgelassen, doch sie erreichten mich nicht mehr. Ich lief und lief, und so kam es, dass, als wir tatsächlich den Ausgangspunkt unseres Marsches erreichten, die anderen mich anhalten mussten, sonst wäre ich wahrscheinlich einfach weitergelaufen.

„Hier, Ihr Kompass." Erschöpft nahm ich das gute Stück aus der Hand des Stabsunteroffiziers Otter entgegen, auf dessen Krapfengesicht ein leichtes Lächeln lag. Eigentlich war ich ja der Ansicht, wir hätten für heute bereits eine ausreichende Marschleistung vollbracht, aber als „gewiefter Einzelkämpfer" hielt ich mit solchen, die Moral untergrabenden Ansichten hinter dem Berg. Als Wintertarnung warfen wir uns nun jeder einen weißen Poncho über, so dass wir wie eine Gruppe überdimensionaler Albinofledermäuse aussahen.

Dann erfolgte die Einteilung der Zweiergruppen, wobei, wie abgesprochen, Frank Weitzel und ich ein Paar bildeten. Seinem Gesichtsausdruck nach zu urteilen, schien ihm das nicht sonderlich zu gefallen, doch er nahm die Zuweisung stillschweigend hin. Die Zweiergruppen starteten zeitversetzt und in verschiedene Richtungen, denn das Ganze war als Wettbewerb angelegt, und der schnellsten Gruppe winkte ein Tag Sonderurlaub. Frank Weitzel und ich gingen als dritte Gruppe an den Start und folgten, wie angewiesen, zuerst einem schmalen Pfad, der immer tiefer in den dicht verschneiten Wald hineinführte. Frank legte ein mörderisches

Tempo vor. Wahrscheinlich konnte er sich denken, weshalb ausgerechnet er mit mir in einer Gruppe gelandet war, und war offensichtlich fest entschlossen, vor meinen Fragen davonzulaufen. Wenn wir jedoch dieses Tempo beibehielten, würde ich über kurz oder lange zusammenbrechen, denn ich hörte bereits jetzt das Pfeifen meiner Bronchien und mein Herz schlug wie wild. Unter Aufbietung all meiner Kräfte schloss ich durch den knöchelhohen, unberührten Schnee zu ihm auf.

„Diese Leistungsmärsche scheinen ja genau Ihr Ding zu sein“, keuchte ich. „Wenn Sie bei dieser Eiseskälte weiter so rasen, dann sind wir heute Abend beide tot.“ Er hielt nicht inne. „Begeistert Sie denn diese Rennerei wirklich so?“ Ich rang nach Luft. „Ich meine, es ist saukalt, wir quälen uns durch den hohen Schnee. Alles an mir gefriert! Mir platzt gleich die Lunge! Ich hätte nicht gedacht, dass Ihnen die ganze Veranstaltung solch einen Spaß macht“, versuchte ich noch einmal mein Glück.

„Macht sie auch nicht“, knurrte er kurzatmig zwischen zusammengebissenen Zähnen hervor. „Ich hasse diese Kälte!“, schob er keuchend hinterher.

„Verdammt noch mal“, erwiderte ich, „dann halten Sie doch endlich mal an!“

Verblüfft blieb er stehen und wandte sich um. Erstaunen und Misstrauen zugleich standen ihm ins Gesicht geschrieben. Jetzt, da wir nahezu bewegungslos innehielten, schlug die Kälte noch erbarmungsloser über uns zusammen.

„Wie lange werden wir etwa brauchen, um die Kaserne zu erreichen?“, fragte ich.

„Ich weiß nicht genau“, entgegnete er. „Ich schätze, dass es von hier etwa drei Stunden Marsch bis zur Kaserne sind.“

„Okay“, schlug ich vor, „folgen Sie mir. Ich kenne eine Abkürzung.“

Fledermäuse

Die Gegend war unglücklicherweise nur spärlich besiedelt. Nach einer halben Stunde querfeldein stießen wir jedoch endlich auf die ersten Häuser einer kleinen Siedlung. Der Ort lag wie ausgestorben vor uns, und seine Straßen waren - im Gegensatz zu denen der Stadt - von einer harten Schicht festgefahrenen, weißen Schnees bedeckt. Gerade erst begann der Morgen über den hohen Wipfeln des Taunus zu grauen.

Um diese Zeit schien erwartungsgemäß niemand unterwegs zu sein. Plötzlich jedoch hörte ich ganz in der Nähe das Schaben eines Eiskratzers. Wir folgten dem Geräusch entlang einer abfallenden, schmalen Straße.

Eine Frau stand dick vermummt neben ihrem Wagen und kratzte am Heckfenster herum. Nur ihre langen schwarzen Haare lugten aus dem Ensemble von Jacken, Schals und Ohrenschützern hervor. Wir traten vorsichtig näher.

„Guten Morgen", sagte ich höflich. Die Frau drehte sich um.

„Guten Mor…aaah...!!!", entsetzt wich sie zurück.

Im ersten Moment schien mir ihre Reaktion völlig übertrieben. Als die Frau jedoch mit verzerrtem Gesicht zurückwich, sich umwandte und in Panik über den Schnee rutschend ihrem Haus zustrebte, begriff ich. Wer wurde schon gern am frühen Morgen von zwei weißen Riesenfledermäusen überfallen? Ich riss mir den Poncho vom Leib und rief: „Halt, halt! Sie brauchen keine Angst zu haben! Wir sind Soldaten. Alles was wir wollen, ist eine kleine Auskunft."

Tatsächlich gelang es mir, ihrer Panik Herr zu werden. Mit dem Rücken an die Haustür gelehnt, musterte sie uns prüfend. Die Uniform und die Ausrüstung, die unter meinem Poncho zum Vorschein kamen, schienen sie zu überzeugen. „Was kann ich für Sie tun?“, fragte sie, ohne sich jedoch von der schützenden Haustür zu entfernen.

„Gibt’s hier irgendwo eine Gaststätte oder ein Lokal, irgendwas, wo man sich um diese frühe Uhrzeit aufwärmen kann?“

Erholung

Wir saßen vor unseren dampfenden Kaffeetassen und genossen die Hitze an den Fingern und das unvergleichliche Gefühl, als das heiße Getränk den Körper von innen her wärmte. Zu essen gab es um diese frühe Stunde noch nichts. Wir hatten ohnehin Glück gehabt, dass der Wirt, der noch am Aufräumen und Vorbereiten war, uns eine halbe Stunde vor dem eigentlichen Geschäftsbeginn in die Gaststätte hineinließ.

Das Wichtigste aber war, dass wir nicht mehr in eisiger Kälte durch Wald und Tiefschnee stapften. Auch meinem Begleiter war deutlich anzumerken, dass ihm diese „Variante" des Leistungsmarsches besser gefiel als die vorherige. Dennoch wahrte er mir gegenüber immer noch Zurückhaltung. Es war offensichtlich, dass er nicht wusste, wie er die Situation zu interpretieren hatte.

„Ich habe gehört, Sie hätten Daniels Leiche gefunden?", fiel ich nichtsdestotrotz mit der Tür ins Haus.

Er blickte mich argwöhnisch an. „Das stimmt."

„Wie kam es dazu?"

„Ein reiner Zufall. Daran war nichts Ungewöhnliches, wenn Sie das meinen. Ich lief Streife, als ich ihn fand."

„Wo genau haben Sie seine Leiche denn entdeckt?"

Frank Weitzel zögerte kurz, sah mich wachsam an. „Die Streife folgt immer demselben Weg. Sie führt an den Gebäuden der ersten und dritten Kompanie und an den Auto- und Panzerhallen vorbei. Dann folgt eine längere Strecke durch ein kleines Wäldchen. Dort habe ich ihn gefunden."

„Lag er mitten auf dem Weg?"

„Nein! Auf einem meiner Streifengänge, zwischen vier und sechs Uhr morgens, musste ich auf der Höhe einer kleinen Lichtung austreten; dabei bin ich über Daniels Leiche gestolpert." Der Blick meines Gegenübers wurde starr. „Sein Leichnam lag im Unterholz", seine Stimme klang rau, „nur etwa einen Meter vom Pfad entfernt."

„Das heißt, dass die Leiche dort erst nach Anbruch der Dunkelheit gelegen haben kann, denn sonst wäre sie zweifellos schon von einer früheren Streife entdeckt worden."

Frank nickte. „Höchstwahrscheinlich."

„Kann es Ihrer Meinung nach Selbstmord gewesen sein?"

Meine Frage schreckte ihn auf. Seine Finger trommelten auf den Tisch, während sein Mund sich verzog.

„Ich weiß nicht", erwiderte er. „Woher soll ich das wissen? Warum stellen Sie mir überhaupt so viele Fragen über Daniel?" Trotz der scheinbar forschen Entgegnung war der Unterton von Angst in seiner Stimme nicht zu überhören.

„Nun ja, ich möchte einfach nur verstehen, was hier geschehen ist. Schließlich ist es für mich als Ausbildungsprüfer wichtig, zu erfahren, ob es in der Kaserne irgendwelche Probleme gibt."

Frank blickte zu Boden. „Es gibt hier keine Probleme."

„Aber vielleicht ist Ihnen in der Zeit vor seinem Tod irgendetwas Besonderes an Daniel aufgefallen?"

Einige Augenblicke herrschte Schweigen, dann antwortete er leise, ohne den Blick zu heben: „Es stimmt, Daniel schien mir die letzten Tage unruhiger als sonst, erregter. Das passte eigentlich nicht zu ihm. Er war sonst immer so ruhig, zurückhaltend und überlegen."

„Kennen Sie den Grund für seine Veränderung?"

Frank Weitzel schüttelte den Kopf. „Nein! Er deutete zwar an, dass er irgendetwas am Freitag zu erledigen habe, doch er wollte mich nicht einweihen. Er sagte, ich würde schon noch früh genug von allem erfahren. Ob das aber der Grund für seine Unruhe war, weiß ich nicht."

„War Ihnen bekannt, dass er Diabetiker war?"

„Alle wussten das. Es ließ sich ja schlecht verheimlichen, denn er musste ja seine Spritzzeiten einhalten und sich seine Mahlzeiten selbst zusammenstellen."

„Könnte Daniel sich denn in der Dosierung seines Insulins geirrt haben?", fragte ich.

„Normalerweise nicht. Aber wie gesagt, er war erregt. Ich weiß es nicht."

„Was könnte ihn veranlasst haben, sich an dem Ort, an dem Sie ihn gefunden haben, aufzuhalten?"

Er zögerte kurz, dann fuhr er sich nervös mit der Hand über die Stirn.

„Die kleine Lichtung, auf der seine Leiche lag,... es ist so, also..., das war sonst ein Treffpunkt von uns beiden, von Daniel und mir, natürlich nicht jetzt, bei der Kälte. Wir haben uns dort im Sommer und Herbst oft nach dem Dienst getroffen, haben dort gesessen, sind spazieren gegangen und haben miteinander geredet. Abends nach dem Dienst hatten wir unsere Ruhe dort."

„Könnte er denn am Abend seines Todes dort auf Sie gewartet haben?"

„Auf keinen Fall!", wehrte er sofort ab. „Wir waren nicht verabredet. Ich weiß nicht, warum er sich an diesem Ort aufhielt."

„Haben Sie Daniel eigentlich erst hier in der Kaserne kennen gelernt?"

Das alte Misstrauen trat in seine Züge, Abweisung und Angst zugleich.

„Ja", entgegnete er vorsichtig.

„Hatte Daniel denn außer Ihnen hier noch andere Freunde, mit denen er etwas unternahm?"

Ein beinahe harter Zug trat auf Franks Gesicht. Er lachte, kurz und heiser; aus seinem Mund klang es unangemessen.

„Nein! Ich war sein einziger Freund hier."

„Hatte er denn außerhalb der Armee Freunde, vielleicht

eine Freundin, von denen er Ihnen erzählt hat?" Seine Reaktion überraschte mich. Er lachte amüsiert, fast ein wenig spöttisch.

„Auf keinen Fall! Das hätte ich gewusst. Er hat nur von seiner Schwester hin und wieder gesprochen."

„Was hat er denn über sie erzählt?"

„Er vergötterte sie. Soweit ich weiß, hat sie ihn mehr oder minder großgezogen, nachdem seine Mutter auf und davon gegangen war."

All das hatte ich bereits von Sylvia gehört. Ich beschloss, das Gespräch in eine andere Richtung zu lenken.

„Wann haben Sie Daniel denn das letzte Mal gesehen?"

Er lehnte sich zurück, blickte mich kurz an, dann schlug er die Augen rasch nieder und nestelte am Kragen seiner Uniformjacke herum.

„Am Freitag, nach dem GAT."

„Nach dem GAT?", echote ich. Er sah mich verwundert an.

„Ja, nach dem gemeinsamen Ausdauertraining. Kennen Sie das nicht? Ich dachte, das wäre in jeder Kaserne das Gleiche."

Ich überlegte, wie ich mich am Geschicktesten aus dieser brenzligen Situation herausmanövrierte, doch mir wollte nichts Sinnvolles einfallen. „Nein, das gibt es bei uns nicht."

„Vor dem Wochenende hat bei uns die gesamte Kompanie noch mal einen Lauf durch den Wald zu absolvieren. Immer dieselbe Strecke, fünf Kilometer bergauf auf der asphaltierten Zufahrtsstraße. Daniel war einer der Schnellsten in der Kompanie. Auch an dem Tag war er lange vor mir wieder zurück und schon fast mit dem Duschen fertig. Das war das letzte Mal, dass ich ihn lebend gesehen habe, denn als ich ins Zimmer zurückkam, war er bereits weg. Für mich dagegen begann der Wochenenddienst."

„Das heißt, Sie wissen nicht, ob er die Kaserne wirklich verlassen hat?"

„Das ist richtig. Ich wüsste allerdings auch keinen Grund, warum er noch hätte bleiben sollen."

„Haben Sie sich denn nicht gefragt, wie dann seine Leiche dorthin kam, wo Sie sie fanden?"

„Schon, aber ..., ich ..., ich wusste ja nicht, was er vorhatte. Vielleicht musste er aus irgendeinem Grund noch einmal zurück in die Kaserne."

„Aber das hätten Sie doch bestimmt gemerkt. Sie hatten ja Wache."

„Nicht, wenn ich gerade Streife gelaufen bin."

„Und auch sonst hat sich niemand gefragt, was er dort gewollt haben könnte?"

„Nachdem zwei Ärzte erklärten, sein Tod sei ein Unfall gewesen, war für alle hier die Sache erledigt."

„Ich verstehe", erwiderte ich. „Und trotzdem! Denken Sie noch einmal genau nach. Vielleicht ist Ihnen ja während ihres Streifenganges doch irgendeine Kleinigkeit aufgefallen, der Sie damals keine Bedeutung beigemessen haben."

Schon wollte er verneinen, da zögerte er plötzlich.

„Ja?", hakte ich nach.

Für einen Moment ging sein Blick in die Ferne. Er wirkte irritiert, ja beinahe verstört. Dann jedoch schüttelte er den Kopf. „Nichts", sagte er, „mir ist nichts Besonderes aufgefallen."

Er fuhr sich nervös mit der Hand über das Haar. Auf einmal fiel mir an seinem Handrücken eine kleine Wunde auf, dich mich stutzig machte.

„Was haben Sie denn da gemacht?"

Verständnislos sah er mich an, dann folgte er meinem Blick. In einer unnützen, verräterischen Bewegung versuchte er die rechte Hand wegzustecken.

„Haben Sie sich verletzt?", fragte ich.

„Ach was“, winkte er ab, seine Stimme klang spröde, „das ist wirklich nicht der Rede wert. Das ist schon fast wieder abgeheilt. Nur eine kleine Wunde.“ Er ließ seine Hand in der Jackentasche.

„Wobei haben Sie sich die denn geholt?“

Er wich meinem Blick aus. „Das stammt von einer Geländeübung“, erklärte er, „ich hab mich da irgendwo an einem Ast verletzt.“

Zu gern hätte ich noch einmal seine Hand gesehen, doch er hielt sie nun beharrlich in der Jackentasche. Im Moment machte es wohl keinen Sinn weiterzubohren. Ich sah auf meine Uhr.

„Ganz schön spät“, sagte ich, „die Zeit ist wie im Flug vergangen. Wir müssen uns langsam mal um eine Fortbewegungsmöglichkeit bemühen, wenn wir den Leistungsmarsch noch gewinnen wollen.“

Die Anspannung meines Gegenübers ließ ein wenig nach. Ich winkte den Kellner zum Zahlen.

„Und bestellen Sie uns bitte ein Taxi“, fügte ich hinzu.

Sieg

Ich kam nicht umhin, mir einzugestehen, dass auch die Armee ihre angenehmen Momente hatte, denn unser Sieg fiel triumphal aus. Da wir mit weitem Abstand vor allen anderen eintrafen, wurden wir gebührend gefeiert, auch wenn die Überraschung einigen Beteiligten deutlich anzumerken war. Vor allem der Oberst warf mir immer wieder ungläubige, forschende Blicke zu, als ich den Pokal, eine kleine, etwas ungestalte Figur, die wohl einen wandernden Soldaten darstellen sollte, entgegennahm.

Endlich aber hatte ich unseren Sieg zur Genüge ausgekostet und begab mich in den Speisesaal der Mannschaftsdienstgrade, wo mittlerweile alle, bis auf eine Gruppe, die sich scheinbar heillos verlaufen hatte, glücklich angekommen waren. Frank indes war nirgends zu erblicken. Nun gut, ich hatte ihn vorerst auch genug mit meinen Fragen traktiert. Es war ohnehin an der Zeit, zur Abwechslung auch mal anderen Rekruten, insbesondere Daniels übrigen Zimmergenossen, auf den Zahn zu fühlen.

Mit knurrendem Magen, doch in bester Laune, trat ich zur Essensausgabe. Als mir die Köchin aber ein riesiges Stück halbgarer Leber auf meinen Teller schöpfte, war mein Appetit wie weggeblasen. Ich ließ die Leber „links liegen", fragte einen Soldaten nach den beiden Zimmergenossen von Daniel und setzte mich, nachdem ich sie in der Menge ausgemacht hatte, kurz zu ihnen. Die Überraschung der Tischnachbarn war förmlich in der Luft zu greifen.

„Ich würde mich gern mit Ihnen einmal ungestört und in aller Ruhe unterhalten", wandte ich mich ohne Umschweife an die beiden. Völlig verdutzt blickten sie mich an.

„Natürlich, Herr Leutnant", erwiderte schließlich der eine von ihnen.

„Also, dann sehen wir uns nachher, gegen sechs Uhr, in Ihrem Zimmer“, entgegnete ich, stand wieder auf und verabschiedete mich.

Verhöre

Als ich Daniels ehemaliges Zimmer betrat, erwarteten mich die beiden Soldaten bereits. Zuerst nahm ich mir den Obergefreiten Bernd Uhlig vor, einen großen, breitschultrigen Mann, der seinem Äußeren nach ganz und gar dem Typus von Bundeswehrsoldat entsprach, wie er in meiner Phantasie existierte. Die kurz geschnittenen Haare betonten das breite, kantige Gesicht und verliehen ihm einen Ausdruck von Härte. Der durchtrainierte Körper zeugte von Sportlichkeit und beeindruckender Kraft. Seine Stimme indes stand in krassem Gegensatz zu seiner Erscheinung, denn er sprach äußerst leise, geradezu verlegen. Auf meine Fragen hin, gab er an, Daniel kaum gekannt zu haben.

„Sie waren doch Zimmergenossen", hakte ich nach.

„Das stimmt, aber er ging seine eigenen Wege. Abends kam er oft erst kurz vor dem Schlafengehen aufs Zimmer. Er war ständig mit Frank zusammen. Mit mir und Michael hat er sich kaum abgegeben. Ich glaub, sie haben sich beide für was Besseres gehalten." Die letzte Feststellung traf er ohne jeglichen Groll.

„Wo hat er sich denn sonst aufgehalten, wenn nicht hier im Zimmer?", fragte ich. Mich interessierte, ob auch andere vom Treffpunkt im Wald gewusst hatten.

„Keine Ahnung, er ist mit uns weder in die Kneipe noch in die Disco gegangen. Er hatte auf so was keinen Bock. Ich hab ihn anfangs mal eingeladen mitzukommen, aber er wollte lieber allein sein."

„Wissen Sie denn, ob er in letzter Zeit hier in der Kaserne an einer Schlägerei beteiligt war?" Bernd Uhlig hustete, als habe er sich verschluckt.

„Nein, wie kommen Sie darauf?", erwiderte er wenig überzeugend. „Ich weiß von nichts."

„Ich hab gehört, die Mediziner hätten an seinem Körper zahlreiche Blutergüsse gefunden. Sie sagen, es hätte mit seinem Tod wahrscheinlich nichts zu tun. Sie nehmen an, er hätte sich einige Tage vor seinem Tod geprügelt. Wissen Sie etwas darüber?"

„Keine Ahnung!", entgegnete er ein wenig zu vehement. „Vielleicht... vielleicht ist am Wochenende etwas gewesen."

Während der Jahre in der Praxis war ich nolens volens zu einem leidlichen Menschenkenner geworden, und eines stand für mich fest: Bernd Uhlig log.

„Kommt es denn hier manchmal zu Streitereien, bei denen den Beteiligten die Fäuste ausrutschen?"

Er schlug die Augen nieder. „Nein, nein", erwiderte er, „so was gibt's hier nicht!"

„Ich verstehe", erwiderte ich und wandte mich seinem Zimmergenossen zu. Dieser hieß Michael Bantauf und war von völlig anderer Statur als sein Kamerad. Selbst durch die Uniform hindurch wirkte er drahtig und hager.

Er erzählte, dass er Daniel das letzte Mal nach dem gemeinsamen Ausdauertraining am vergangenen Freitag gesehen hatte, und bestätigte Frank Weitzels Aussage, dass Daniel in Eile gewesen war. Darüber hinaus jedoch erfuhr ich von ihm nichts Neues. Seine Aussage glich der seines Vorgängers aufs Haar. Ich wollte das Gespräch schon beenden, als mir plötzlich ein Gedanke kam.

„Was war mit Frank?" Beide blickten mich verständnislos an.

„Wenn Daniel so wenig Wert auf Gesellschaft legte, warum gab er sich dann mit Frank ab?" Sie warfen sich einen kurzen Blick zu.

„Keine Ahnung", fing Bernd Uhlig an.

„Aber es muss doch irgendeinen Grund dafür gegeben haben. Und wer sonst sollte ihn kennen, wenn nicht Sie, seine Zimmergenossen?"

Der Hagere verzog die Lippen zu einem schmalen Lächeln. „Natürlich gab es dafür einen Grund. Frank war hinter Daniel her."

„Er war hinter ihm her?", fragte ich überrascht. „Soll das heißen...?"

„Na klar, er war scharf auf ihn."

„Woher wollen Sie das wissen?"

„Wie Sie vorhin selbst sagten. Wir waren Zimmernachbarn, und ich bin nicht blind. Sowieso pfiffen es die Spatzen von den Dächern."

„Und wie hat Daniel reagiert?", fragte ich.

„Das ist ne gute Frage. Sie meinen, ob er auch schwul war?"

„Ja."

„Schwer zu sagen. Wenn er's war, dann hat er's jedenfalls nicht gezeigt. Er hatte zumindest keine Mädels, so viel steht fest."

„Warum glauben Sie denn, war er ausgerechnet mit Frank Weitzel so gut befreundet?"

Er überlegte kurz. „Ich glaube, er hatte Mitleid mit ihm."

Eigenleben

Der Zapfenstreich war längst vorüber; ich hatte mich mit dem krapfengesichtigen Stabsunteroffizier Otter als Ehrengast durch die Zimmer der Soldaten gequält, hier und dort die Sauberkeit beanstandet, so wie ich es bei meinem Begleiter gesehen hatte, und mich im Übrigen zurückgehalten.

Doch während sich im Gebäude nunmehr Stille ausgebreitet hatte, fand ich noch keine Ruhe. Immer wieder kehrten meine Gedanken zu Frank zurück. Er war bisher der Einzige hier in der Kaserne, von dem ich Genaueres über Daniel und seinen vermutlich letzten Tag im Leben erfahren hatte, er war aber zugleich auch der Erste, bei dem ich wenigstens ansatzweise ein Motiv, Daniel zu töten, erkennen konnte, auch wenn es mir weit hergeholt erschien: Enttäuschte Liebe!

Wie aber sollte ich nun weiter vorgehen? Ich entschloss mich, da ich ohnehin noch nicht schlafen konnte, mir ein wenig die Beine zu vertreten; vielleicht würde mir das dabei helfen, meine Gedanken zu ordnen.

Es ging bereits auf Mitternacht zu, als ich auf den dunklen Gang hinaustrat. Einzig das Licht der Straßenlaternen, das durch die Fenster fiel, sorgte für gerade genug Helligkeit, dass man sich einigermaßen orientieren konnte. Ich befand mich im zweiten und somit obersten Stockwerk und wollte soeben die Treppe hinabsteigen, als ich plötzlich ein leises Klicken vernahm, das von weiter unten zu kommen schien.

Überrascht hielt ich in der Bewegung inne, denn scheinbar war ich nicht der einzige, der in dieser Nacht unter Schlaflosigkeit litt. Ein wenig ungewöhnlich war das schon, denn normalerweise sollten die Soldaten mittlerweile allesamt in ihren Betten liegen. Wer also mochte da um diese Zeit noch unterwegs sein? Ich spähte hinunter, doch im Zwielicht war niemand zu sehen. Zudem herrschte, so aufmerksam ich auch lauschte, nun wieder Stille. Wahrscheinlich hatte ich mich einfach getäuscht, oder es war das Gebäude selbst gewesen, das das Geräusch erzeugt hatte.

Gemächlich setzte ich daher meinen „Abendspaziergang“ fort und stieg in den ersten Stock hinab, als plötzlich im Erdgeschoss leise Schritte erklangen. Ich hielt inne; für einen Moment hörte ich nur meinen eigenen Atem, doch dann vernahm ich erneut die Schritte; diesmal konnte kein Zweifel bestehen.

Vorsichtig warf ich, als ich das Parterre erreichte, einen forschenden Blick in das Zwielicht. Im ersten Moment war niemand zu sehen, doch unvermittelt öffnete sich eine der Türen, fast am anderen Ende des Ganges, und ein dunkler unförmiger Schatten trat heraus.

Im selben Augenblick traf mich am Hinterkopf ein gewaltiger Schlag, und um mich herum versank alles in Schwärze.

Volltreffer

Als ich an Sylvias Haus klingelte, erschien sie mit zerzausten Haaren in einem weißen Frotteemantel, unter dem ein schwarzes Negligee hervorschimmerte, in der Tür.

Ohne ein Wort zog sie mich aus der Kälte herein. „Ich hab's nicht mehr ohne dich ausgehalten“, sagte sie. „Ich brauche jetzt jemanden, der mich in den Arm nimmt.“

Schon wollte ich begeistert ihrer Aufforderung nachkommen, als der Weckruf der Kompanie, laut wie die Gebetsaufforderung eines Muezzin, nur wesentlich unmelodiöser, durch die Gänge hallte und mich aus dem Tiefschlaf riss.

Mir dröhnte der Kopf vor Schmerzen, als ich mich stöhnend aufsetzte, und sofort stand mir mein nächtliches Abenteuer wieder vor Augen.

Eines war mir schmerzhaft klar geworden: Bisher hatte ich das Ausmaß und die Gefahr der ganzen Unternehmung, auf die ich mich da eingelassen hatte, sträflich unterschätzt.

Lange hatte ich letzte Nacht noch wach gelegen, nachdem ich mich zerschunden auf mein Zimmer zurückgeschleppt hatte. Mein Kopf schien jeden Augenblick zu platzen, doch letztendlich hatte ich zum Glück nur eine leichte Gehirnerschütterung davongetragen.

Wie aber sollte es nach diesem nächtlichen Überfall nun weitergehen? Im ersten Moment war ich versucht gewesen, das ganze Unterfangen abzublasen, denn der Schock steckte mir tief in den Knochen. Auf der anderen Seite aber konnte kaum ein Zweifel mehr bestehen, dass Sylvia mit ihrer Vermutung Recht gehabt hatte. Hinter der Fassade von Ordnung und Disziplin lauerten hier in der Kaserne gefährliche Abgründe, Abgründe, denen Daniel aller Wahrscheinlichkeit nach zum Opfer gefallen war. Ich konnte jetzt nicht so einfach aufgeben; ich war einer großen Sache auf der Spur. Außerdem war ich es Sylvia schuldig.

Ich erhob mich mühsam, schleppte mich zum Waschbecken und schüttete mir einen Schwung kaltes Wasser ins Gesicht.

Für einen Augenblick überlegte ich, ob ich dem Oberst von dem Angriff auf mich berichten sollte, doch dann entschied ich mich dagegen. Es war besser, wenn die Angelegenheit keine größeren Kreise zog. Wen auch immer ich gestern Nacht bei seinem Treiben gestört hatte, er hatte mir nicht nach dem Leben getrachtet, sondern mich nur außer Gefecht setzen wollen. Sollten die Angreifer doch ruhig glauben, dass sie mich eingeschüchtert hatten. Umso eher hatte ich eine Chance, wenn ich mich geschickt und vorsichtig verhielt, ihren finsteren Machenschaften doch noch auf die Schliche zu kommen.

Ich nahm zwei Kopfschmerztabletten und zog mich an. Meine Kopfbedeckung verbarg zum Glück die beträchtliche Beule, die mir die letzte Nacht beschert hatte. Für einen Augenblick überkam mich die Angst vor meiner eigenen Courage, als ich auf den Gang hinaustrat, doch ich hatte mich entschieden.

„Heute morgen stehen Schießübungen auf dem Programm“, klärte mich Hauptmann Täubner auf und musterte mich intensiv aus seinen grauen Augen. Ich nickte und unterdrückte mühsam ein Gähnen.

„Wir würden uns freuen, wenn Sie uns begleiten und uns einige Ihrer sicherlich beeindruckenden Schießkünste vorführen würden.“

Es lag wohl an meinem Schlafmangel und an der Tatsache, dass meine Gedanken mit völlig anderen Dingen beschäftigt waren; jedenfalls stimmte ich ihm geistesabwesend zu, statt mir schnell eine passende Ausrede einfallen zu lassen.

„Schön, direkt nach dem Frühstück brechen wir auf."

Während ich den Soldaten die Treppe hinunterfolgte, hätte ich mich selbst ohrfeigen können. Als Jugendlicher hatte ich zwar mit dem Luftgewehr öfter mal auf leere Flaschen geschossen, doch das war lange her. Das letzte Mal hatte ich vor ungefähr zehn Jahren ein Gewehr auf dem Jahrmarkt in der Hand gehalten, und meine Schießkünste hatten damals selbst den hart gesottenen Budenbesitzer schon nach meinem ersten Schuss in Deckung gezwungen.

Auf dem Weg zum Schießplatz schallte in meinen Ohren bereits das Gelächter der Zuschauer, das mich zweifellos erwartete, wenn ich meilenweit daneben schoss. Verzweifelt suchte ich nach einem Vorwand, mich doch noch drücken zu können. Aber mir wollte partout nichts einfallen.

Während meine Stimmung sich immer mehr verdüsterte, schienen die Offiziere und Unteroffiziere bester Laune zu sein. Der Hauptmann stimmte schließlich sogar ein beschwingtes Liedchen an, und auf diese Weise beflügelt, legten die Rekruten den Weg zum Schießstand viel zu rasch zurück. Nur zu bald hatten wir ein weites Feld erreicht, das zu beiden Seiten von Betonmauern eingefasst war.

„Zuerst wird unser Gast schießen", rief der Hauptmann. Wahrscheinlich glaubte er, mir damit einen besonderen Gefallen zu tun. „Alle genau aufpassen! Da könnt ihr Grünschnäbel noch was lernen. Bitte sehr!"

Schon erfolgte die Gewehr- und Patronenübergabe. Der Hauptmann griff in seine Jackentasche, während ich fasziniert das Gewehr betrachtete, um herauszukriegen, wie man es bediente. Für eine eingehende Meditation über dieses Thema war es allerdings viel zu spät.

„Ihr Ohrschutz", sagte er und streckte mir zwei gelbe zylindrische Stopfen entgegen. Ausgiebig knetete ich darauf herum, um Zeit zu gewinnen. Probeweise setzte ich schließlich einen der Stopfen in mein rechtes Ohr.

„Ich glaube, der ist kaputt“, bemerkte ich, „er passt nicht. Er lässt sich nicht richtig formen.“

Der Hauptmann indes ließ sich durch diese Verzögerungstaktik keineswegs aus der Ruhe bringen oder sich seine gute Laune verderben. Überzeugt davon, seinen Rekruten ein ganz besonderes Schauspiel zu bieten - womit er ja gar nicht mal so Unrecht hatte - griff er ein weiteres Mal in seine Jackentasche.

„Da haben Sie andere“, sagte er und reichte mir höflich lächelnd ein zweites Paar.

„Danke“, presste ich hervor und überlegte, ob es günstiger war, eine Ohnmacht vorzutäuschen oder einen plötzlichen Fieberschub zu simulieren. Aber selbst dafür war es nun zu spät, denn der Hauptmann hatte sich bereits Kopfhörer aufgesetzt, über die er scheinbar Anweisungen empfing. Er winkte einer unsichtbaren Figur zu und wandte sich dann zu mir.

„Alles in Ordnung. Bahn fünf ist freigegeben. Damit Sie Ihr Können besser demonstrieren können, haben wir eine Entfernung von einhundert Metern gewählt.“

Nun denn. Ich holte tief Luft, gab mir einen Ruck, trat vor und inspizierte die Lage. Mehrere Schießstände waren in einer Reihe angeordnet. Dahinter begann Niemandsland. Wenn meine Augen mich jedoch nicht im Stich ließen, befand sich dort hinten, mit bloßem Auge gerade noch erkennbar, eine Betonwand, die die Schießbahnen abschloss. Und in regelmäßigen Abständen leuchteten weiße Flecken an der Wand, die, so folgerte ich messerscharf, die Ziele darstellten. Angestrengt versuchte ich zu eruieren, welches überhaupt das meine war. Ganz in der Ferne glaubte ich schließlich eine Pappe zu entdecken, die zu meiner Bahn gehörte. Ich setzte das Gewehr noch einmal ab, um Zeit zu gewinnen, und wandte mich den Rekruten zu.

„Das Wichtigste, Jungs, ist, dass ihr richtig atmet“, gab

ich zum Besten. Das hatte mir einmal einer meiner Patienten erklärt, ein passionierter Jäger, der mich mit seinen niemals endenden Jagderzählungen zu Tode zu langweilen versuchte. Mir grauste immer schon, wenn er davon anfing, wie er einmal einen Riesenkeiler, der ihm schnaubend gegenüberstand, mit einem Schuss erlegt hatte. Wie oft hatte ich ihn insgeheim verflucht; jetzt war ich ihm dankbar.

„Langsam und gleichmäßig“, fuhr ich fort. Ich versuchte mich an den letzten geburtshilflichen Kurs zu erinnern, den ich noch während meiner Klinikzeit geleitet hatte.

„Ihr müsst eure Aufregung veratmen. So ... „, ich demonstrierte ihnen eine gleichmäßige, tiefe Atmung.

„Und auf keinen Fall aus dem Bauch heraus pressen, wie das viele machen, wenn sie aufgeregt sind, denn dann geht der Schuss vorzeitig los und ihr habt die Bescherung.“

Ich wusste nicht genau zu sagen, ob ich in den Gesichtern meiner Zuhörer eher Be- oder Verwunderung erblickte, in jedem Fall aber erkannte ich zunehmende Ungeduld.

„Gibt's noch Fragen?“ Einhelliges Schweigen antwortete mir.

„Traut euch nur! Habt ihr wirklich alles verstanden? Irgendjemand hat doch sicher noch eine Frage.“ Beharrlich schwiegen sie.

„Okay, tja dann ... jetzt geht's los“, sagte ich, „und vergesst niemals, das Unmögliche zu versuchen.“

Mein Herz raste vor Aufregung, als ich das Gewehr anlegte. Verzweifelt versuchte ich mich an alte Western zu erinnern, um meine Haltung der deren Helden anzupassen.

„Sie können entsichern und laden“, rief mir der Hauptmann zu, „die Bahn ist freigegeben.“

Gut, warum auch nicht? An dem Gewehr befand sich nur ein Hebel. Ich zog ihn zurück und ließ ihn einschnappen. Dann fummelte ich an einem kleinen, etwas hervorstehenden Häkchen herum. Mehr stand an dem Gewehr, außer dem Abzug, nicht zur Debatte. Ich hatte zwei Handlungen vorgenommen und konnte nur hoffen, dass es die richtigen waren. Ich legte erneut an, versuchte Kimme und Korn zu finden und mit einem der weißen Flecken am Horizont in Verbindung zu bringen, veratmete den Schuss und erschrak über den unerwarteten Rückstoß, der mich in meiner Überraschung beinahe aus dem Gleichgewicht brachte.

Na bitte, es ging doch. Ich hatte tatsächlich geschossen und alles schien glimpflich verlaufen zu sein.

„Na dann wollen wir mal sehen, was ich getroffen habe", gab ich übermütig von mir, auch wenn meine Beine noch immer zitterten.

In diesem Augenblick erhielt der Hauptmann über Funk wohl mein Schießergebnis mitgeteilt. Erst sah er ungläubig drein, dann lachte er. Mir wurde ganz mulmig zumute.

„Sie sind wirklich ein Teufelskerl, wenn mir dieser salopppe Ausdruck erlaubt ist. Soldaten, nehmt euch ein Beispiel an dem Herrn Leutnant. Wenn ihr nur halb so gut schießt wie er, dann hat unsere Ausbildung etwas getaugt." Ich traute meinen Ohren nicht.

„Wie Sie es angekündigt haben", fuhr er fort, „ein wirklich unkonventioneller Schuss, das Unerwartete versuchen. Soldaten, der Pappkamerad in Reihe zwei hat soeben einen glatten Genitalschuss erhalten, oder auf Deutsch, es hat ihm die Eier weggeblasen." Gelächter und Begeisterung griffen um sich.

„Ruhe, Ruhe!", rief der Hauptmann, „wir fahren jetzt ganz normal in unserer Ausbildung fort. Immer zehn treten nach vorne. Der Herr Leutnant wird euch dabei mit Rat und Tat zur Seite stehen."

In diesem Augenblick fuhr ein Jeep vor, aus dem, kaum dass der Wagen zum Halten kam, der Oberst sprang. In raschem Schritt und mit rotem Kopf näherte er sich der Gruppe.

„Ich brauche Sie in der Kaserne“, rief er mir schon von weitem zu, „dringend!“

Ich nahm das Gewehr, legte wieder den kleinen Hebel um, in der Hoffnung, es sei die Sicherung und drückte es dem Hauptmann in die Hand.

„Vielen Dank“, sagte ich, „bis zum nächsten Mal.“

Vandalismus

„Jemand hat den Rechner des Hauptfeldwebels zerstört." Hauptfeldwebel Treber und ich saßen zusammen mit dem Oberst in dessen Büro.

„Was heißt zerstört?", fragte ich.

„Die Festplatte ist entfernt worden", schaltete sich Treber ein. Obwohl er so breit wie hoch war, wirkte er weniger fett und unförmig als vielmehr durchtrainiert und muskelbepackt. Die untere Hälfte seines Gesichtes wurde von einem massiven eisgrauen Vollbart verdeckt, und auf der Nase trug er eine dunkle Nickelbrille im Stile John Lennons. Sein dröhnender Bass füllte den Raum ebenso mühelos wie seine massige Gestalt, und dennoch waren ihm Verwirrung und Beunruhigung deutlich anzumerken.

„Am Anfang sah es eher wie purer Vandalismus aus, denn der Rechner ist regelrecht demoliert. Wer immer da die Finger dran hatte, er ist mit roher Gewalt vorgegangen."

„Aber offensichtlich", warf der Oberst ein, „steckt doch mehr dahinter." Der Hauptfeldwebel nickte.

„Was mich beunruhigt, ist die Tatsache, dass jede Menge Back-ups fehlen. Ein ganzer Schwung Daten-CD's ist verschwunden."

„Was für CD's?", fragte ich aufgeregt, denn ich musste nicht nur sofort an die Vorgänge der gestrigen Nacht, sondern auch an den Einbruch bei Sylvia denken. Der Gedanke lag nahe, dass es sich beide Male um dieselben Täter gehandelt hatte.

„Ich hab schon eine Auflistung gemacht, doch es scheint keinen gemeinsamen Nenner zu geben. Es sind sowohl CD's aus den neunziger Jahren abhanden gekommen, die Daten über Manöver enthalten, als auch CD's von diesem Jahr, die sich mit den Freundschaftsfesten befassen. Ich kann mir keinen Reim drauf machen."

„Aber wie kamen die Täter überhaupt in das Zimmer hinein? Es war doch sicher abgeschlossen?", wunderte ich mich.

„Natürlich, aber das Türschloss wurde aufgebrochen. Darin zumindest muss der Einbrecher einige Übung gehabt haben, denn schließlich hat niemand im Haus etwas davon mitbekommen."

Dies stimmte zwar nicht ganz, aber ich verzichtete darauf, den Hauptfeldwebel in seinem Irrtum zu korrigieren.

„Wenn man nur wüsste, was die Täter auf den CD's gesucht haben", überlegte ich.

Der Hauptfeldwebel sah mich forschend an. „Warum gehen Sie eigentlich davon aus, dass es mehrere Täter waren?"

„Es ist nur so ein vages Gefühl, aber das kann natürlich genauso gut täuschen", erwiderte ich, bemüht, mich möglichst unauffällig aus der Affäre zu ziehen.

„Hmmh", machte der Oberst, „in diesem Fall würde ich auf Gefühle nicht allzu viel geben. Was wir brauchen, sind Fakten!"

Unvermittelt kam mir eine Frage in den Sinn, die ich bisher gänzlich außer Acht gelassen hatte. „Was ist eigentlich mit dem Schloss der Eingangstür? Wurde das auch aufgebrochen?"

Der Spieß schüttelte den Kopf. „Nein, es ist völlig unversehrt."

Ich sah zum Oberst hinüber. „Das heißt, wer immer es war, er kam nicht von außen. Der Täter muss also zur Kompanie gehören!"

Spaziergang

Die Kompanie befand sich an diesem Nachmittag, abgesehen vom Spieß, der damit beschäftigt war, die Verwüstungen in seinem Büro aufzuräumen, komplett auf dem Exerzierplatz.

Somit bot sich mir eine gute Gelegenheit, in Ruhe Daniels Zimmer zu durchsuchen. Nach seinem Tod war sein Spind ausgeräumt worden und man hatte die privaten Sachen seiner Schwester übergeben, während das Eigentum der Bundeswehr zurück in die Vorräte und von dort wahrscheinlich schon in den Besitz des nächsten Rekruten übergegangen war. Daher war es unwahrscheinlich, dass ich noch etwas von Belang finden würde, doch ich wollte keine Möglichkeit ungenutzt lassen. So akribisch ich allerdings auch suchte, es fand sich nicht die geringste Spur, und so gab ich schließlich enttäuscht die Suche auf.

Trotz all dem, was in den letzten Tagen geschehen war, hatte ich für kurze Zeit das Gefühl, an einem toten Punkt angelangt zu sein. Der Oberst hatte zwar wegen des Diebstahls der Daten und der Zerstörung des Computers eine interne Untersuchung angeordnet, doch solange wir nicht wussten, wonach die Diebe gesucht hatten und wie das Ganze mit Daniels Tod in Verbindung stand, tappten wir völlig im Dunkeln.

Schließlich jedoch schob ich diese düsteren Überlegungen beiseite und raffte mich wieder auf. Bereits am Vortag hatte ich mir vom Oberst den Weg, den die Streife während ihres Kontrollganges zurückzulegen hatte, genau erklären lassen und beschloss, ihn nun selbst abzugehen. Vielleicht ließ sich dort ein Hinweis finden, der bisher übersehen worden war, auch wenn ich diesbezüglich nur wenig Hoffnung hegte. Aber immerhin war es besser, als tatenlos herumzusitzen.

Das Gelände war von hier aus klar einzusehen. Die Felder lagen aufgerissen, hier und dort ragten Erdschollen durch die Schneedecke. Die Sonne lugte nur schwach aus dem Nebel hervor, der Himmel und Land bedeckte. Ich fühlte mich von der stillen Schönheit dieses menschenleeren Bildes angezogen. Trotz der Kälte verharrte ich so einen Augenblick und starrte durch die Maschen des Zaunes über die Felder hinweg.

Am östlichen Ende der Kaserne schlängelte sich die Route zwischen den Wagenhallen und dem Sanitätszentrum hindurch. Direkt nach der letzten Wagenhalle jedoch führte der Weg, genau wie Frank es beschrieben hatte, von den Häusern weg in jenes Stück Wald, das beim Bau der Kaserne in das Innere der Anlage integriert worden war.

Zwischen verschneiten Tannen hindurch trat ich auf die kleine Lichtung, auf der Frank Daniels Leiche gefunden hatte. Ein Baumstamm lag wie eine natürliche Bank schneebedeckt quer auf der Lichtung. Erwartungsgemäß fanden sich aufgrund des Neuschnees keinerlei verwertbare Spuren mehr. Ich verharrte dennoch in der vagen Hoffnung, der Platz selbst würde mir womöglich einen Hinweis darauf geben, was sich hier abgespielt hatte. Doch die Lichtung wirkte völlig unberührt, trügerisch friedlich, so, als sei sie nicht vor kurzem erst Schauplatz eines gewaltsamen Todes gewesen.

Müdigkeit überkam mich und der Wunsch, für einen Augenblick die verführerische Ruhe zu genießen, einen Augenblick frei von Wünschen und Zwängen zu sein. Ich säuberte ein Stück des umgestürzten Baumstammes vom Schnee und setzte mich auf die freie Fläche. Plötzlich jedoch bewegte sich der Stamm und rollte nach hinten weg, so dass ich in den Schnee fiel.

Fluchend rappelte ich mich auf die Knie hoch und wollte wieder aufstehen, als mein Blick am Boden hängen blieb.

Im ersten Moment wusste ich nicht zu sagen, was mich irritierte. Dort, wo der Stamm gelegen hatte, war die bloße Erde zum Vorschein gekommen, während ringsumher alles von Schnee bedeckt war. Plötzlich nahm ich aus den Augenwinkeln eine störende Winzigkeit wahr. Auf allen Vieren suchte ich den Boden ab und tatsächlich: Ein Papierzettel steckte, vor dem weißen Hintergrund schwer zu erkennen, im Schnee. Vorsichtig zog ich das geknickte Papier heraus, entfaltete es, und eine fünfstellige Zahlenkombination kam zum Vorschein.

Natürlich, überlegte ich, konnte jeder den Zettel hier verloren haben. Eines aber stand fest: Allzu lange hatte der Zettel hier nicht gelegen, sonst wären die Zahlen mittlerweile nicht mehr lesbar gewesen.

Doch selbst wenn der Zettel mit Daniels Tod in Verbindung stand, brachte er mich im ersten Moment nicht viel weiter. Ohne weiteren Anhaltspunkt konnten diese fünf Zahlen alles bedeuten. Hatte Daniel sich hier etwas Wichtiges notiert? Hatte sein Mörder womöglich diesen Zettel verloren? Oder war das Papier doch bedeutungslos, ein Zufallsfund?

Meine Füße wurden langsam unangenehm kalt. Dennoch suchte ich noch einmal sorgfältig die nächste Umgebung des Fundortes ab, doch nichts trat mehr zu Tage. Also verwahrte ich den Zettel vorsichtig in meiner Brieftasche und brach auf. Mein Gesicht glühte, auch wenn ich fror. Womöglich hielt ich eine neue viel versprechende Spur in Händen.

Unter Kollegen

Auf dem Rückweg von der Lichtung entschied ich mich spontan, einen Abstecher in medizinische Gefilde zu machen. Der Leiter des Sanitätszentrums war ein etwa 35-jähriger, sportlich wirkender junger Mann mit kühlen blauen Augen, auf dessen Schreibtisch sich umfassende Werke und neueste Ausgaben maßgeblicher Zeitschriften stapelten.

„Sie haben die Leiche des Gefreiten Thon als erster untersucht?“, brachte ich ohne Umschweife das Gespräch auf jenen Punkt, der mich hierher führte.

„Und?“

„Ich wüsste gern, ob Ihnen etwas Besonderes aufgefallen ist.“

„Wie meinen Sie das?“

„Der Gerichtsmediziner sagte mir, er habe an der Leiche Hämatome gefunden“, unternahm ich einen neuen Anlauf, „er glaubt, dass sie wahrscheinlich von Schlägen herrühren. Hat sich der Tote irgendwann einmal an Sie oder einen Ihrer Mitarbeiter gewandt, um einen dieser Blutergüsse oder eine Wunde versorgen zu lassen? Hat er Ihnen gegenüber einmal etwas von einer Schlägerei erwähnt?“

„Nein, ich habe ihn nur zur Eingangsuntersuchung gesehen und danach nicht wieder.“

„Aber Sie haben an der Leiche die Hämatome bemerkt?“

„Habe ich.“

„Und haben Sie irgendeine Vorstellung, woher sie rühren könnten?“

„Wie Sie schon sagten: Es wird irgendeine Prügelei gegeben haben.“ Ich staunte über seine beinahe abweisende Gleichgültigkeit.

„Gab es denn in den letzten Wochen sonst irgendwelche

Patienten mit derartigen Verletzungen?"

„Nein." Er wandte sich ab und schob einige medizinischen Journale so zusammen, dass sie einen makellosen Stapel bildeten.

„Frank Weitzel", fragte ich, „war der mal bei Ihnen, oder haben Sie den auch nur zur Einstellungsuntersuchung gesehen?"

„Keine Ahnung, der Name sagt mir nichts."

„Wenn Sie vielleicht so freundlich wären, auf Ihren Karteikarten nachzusehen."

„Ich habe eigentlich zu tun."

„Bitte", sagte ich, „Sie wären mir damit sehr behilflich."

„Na gut, bringen Sie mir mal die Karte von Weitzel, Frank, aber möglichst heute noch", wandte er sich an einen Sanitätssoldaten, der unterbeschäftigt in der Gegend herumstand. Wir warteten schweigend, bis der Ausgesandte mit dem gewünschten Krankenblatt zurückkehrte.

„Tetanus", sagte er dann von der Karte ablesend, „noch mal Tetanus, ah, da ist was, Brandwunde, nein halt, das ist durchgestrichen, Platzwunde, mehr war nicht."

„Also war es eine Platzwunde oder eine Brandwunde?" Er blickte mich an, als sei ich ein lästiges Insekt.

„Ich sagte doch bereits, dass es eine Platz...", er hielt inne und runzelte die Stirn. „Nein, nein, ich erinnere mich." Er sprach mehr mit sich selbst als mit mir. „Natürlich, er hatte auf dem rechten Handrücken eine Brandwunde, die sich infiziert hatte. Er kam, um sich eine Salbe zu besorgen. Ich sehe ihn wieder vor mir. Ein arroganter Typ. Er sagte, er müsse doch wohl selbst am besten wissen, wie er sich die Wunde zugezogen habe. Meiner Meinung nach hatte jemand auf seiner Hand eine glühende Zigarette ausgedrückt, aber er beharrte darauf, dass er sich die Verletzung bei einer Geländeübung zugezogen habe. Reine Zeitverschwendung mit ihm zu reden."

„Wann war das?“, fragte ich.

„Vor circa zwei Wochen“, er warf erneut einen Blick auf die Karte, „genau, Montag vor zwei Wochen.“

„Und danach war er nicht mehr bei Ihnen?“

„Das sagte ich doch bereits! Ich hatte ihn noch einmal zur Kontrolle der Wunde einbestellt, aber er tauchte einfach nicht auf. Nun, wen schert’s. Haben Sie sonst noch Fragen oder war es das?“

Es war mehr als offensichtlich, dass das Gespräch für ihn beendet war. Auch mir reichte es eigentlich, doch eine letzte Frage konnte ich mir nicht verkneifen.

„Wussten Sie, dass Daniel Thon insulinpflichtiger Diabetiker war?“

„Nein, ich erfuhr erst durch unseren Oberst davon, als man die Leiche fand. Der Gefreite Thon hat mir seine Krankheit verheimlicht.“

Vertretung

Als ich in die Kompanie zurückkehrte, befanden sich die Rekruten noch immer auf dem Exerzierplatz. Nachdem ich vergebens eine Zeitlang in der Ruhe meines Zimmers erneut über den kryptischen Zahlen auf dem Zettel meditiert hatte, ohne zu einem Ergebnis zu kommen, beschloss ich Hauptfeldwebel Treber aufzusuchen. Vielleicht war ihm als Spieß in den letzten Wochen irgendetwas Besonderes an Daniel aufgefallen.

„Eigentlich hatte ich nicht viel mit ihm zu tun", antwortete er mir auf die Frage nach seinem Eindruck von Daniel, „bis auf ein Mal, als Thon für meinen Assistenten, den erkrankten Fähnrich Pfannenstiel einsprang, wobei er seine Sache mehr als gut gemacht hat. Es war hilfreich, dass er sich so gut mit dem Computer auskannte. Ich habe viel Verwaltungsarbeit, und dabei hat er mich sehr entlastet. Nach kurzer Einarbeitungszeit konnte ich ihn unbesorgt allein die Aufstellungen und Listen durchgehen lassen."

„Ist Ihnen während dieser Zeit etwas an ihm aufgefallen? Hat er sich irgendwie verändert?"

Der Spieß schüttelte den Kopf. „Nein, er hat seine Sache bis zuletzt ohne Probleme erledigt. Im Vertrauen, wenn es nach mir gegangen wäre, hätte ich ihn sogar lieber behalten als Fähnrich Pfannenstiel."

„Und er wirkte nicht unruhig oder besorgt?"

„So weit ich das beurteilen kann, nein."

„Womit war er denn genau befasst?"

„Mit verschiedenen Dingen. Er kümmerte sich um das, was gerade anlag. Die Erfassung von Schriftstücken, Abrechnungen, Kalkulationen, Statistiken; all dieser Kram, den die meisten hassen; er hingegen war sogar richtig scharf drauf."

„Und woran hat er als Letztes gearbeitet?"

„Wenn ich mich recht erinnere, ging es um die Vorbereitung des deutsch-amerikanischen Freundschaftsfestes. Sie wissen schon. Bestellung von Getränken, Zelten, der Alleinunterhalter. All so etwas."

Der Zusammenhang war offensichtlich und doch fehlte noch das entscheidende Glied der Kette. Daniels Tod, der Einbruch bei Sylvia, die Zerstörungen im Büro des Hauptfeldwebels - alles wies daraufhin, dass Daniel auf etwas gestoßen war, das um jeden Preis hatte geheim bleiben sollen. Doch ohne die fehlenden Daten auf den CD's, war es unmöglich herauszufinden, worum es sich dabei gehandelt hatte.

„Hatten Sie den Eindruck, dass er irgendwelche Probleme hatte?", fragte ich.

Hauptfeldwebel Treber lehnte sich nach vorne. „Die haben wir alle", meinte er. „Es kommt nur darauf an, was wir daraus machen. Ich kannte Daniel Thon nicht näher, aber mein Eindruck war, dass er die meisten Dinge schwer nahm, zu schwer." Er lehnte sich wieder zurück.

„Meinen Sie das im Allgemeinen, oder denken Sie da an etwas Bestimmtes?"

Treber schmunzelte.

„Glauben Sie mir, wenn ich etwas wüsste, würde ich es Ihnen sagen. Im Lauf meiner Bundeswehrkarriere habe ich so viele Leute schon kommen und gehen sehen, dass ich mittlerweile eine gewisse Menschenkenntnis besitze. Und ich sage Ihnen: Daniel Thon gehörte zu den Menschen, die ohne Probleme nicht leben können. Ich denke, er war auf seine Art ein Fanatiker, ein unbestechlicher Verfechter von Wahrheit und Gerechtigkeit, bis ins kleinste und unwichtigste Detail."

Frank

Während der Abend nahte, und ich in meiner Stube über all den Hinweisen und ungelösten Fragen grübelte, die sich in den letzten Tagen aufgetan hatten, überkam mich plötzlich der dringende Wunsch, die Kaserne, und sei es auch nur für einige Stunden, zu verlassen. Ich merkte, dass es höchste Zeit war, dass ich mal wieder etwas von der „normalen" Welt außerhalb der Kaserne zu sehen bekam. Ich war mir zwar noch nicht ganz sicher, was ich mit meinem „Freigang" anfangen würde, doch es würde nichts schaden, mal wieder einige Zeit in der eigenen Wohnung zu verbringen oder mich in der Stadt auf die Jagd nach Büchern und CD's zu begeben. Schließlich ging nichts über ein wenig Abwechslung, um den Kopf frei zu bekommen.

Natürlich dachte ich auch daran, Sylvia zu besuchen, doch wir hatten verabredet, dass ich mich erst am Ende der Woche bei ihr melden würde. Zwar wäre es mir lieber gewesen, wenn ich ihr jeden Abend hätte berichten können, was ich herausgefunden hatte, doch fühlte ich mich an unsere Abmachung gebunden und musste also meine Sehnsucht nach ihr vorerst unterdrücken.

Als ich zum Kasernentor vorfuhr, bemerkte ich Frank Weitzel, der ebenfalls - allerdings zu Fuß - die Kaserne verließ. Einer Eingebung folgend hielt ich neben ihm.

„Kann ich Sie mitnehmen? Ich fahre nach Mainz."

Er blickte mich unentschlossen an.

„Na, kommen Sie! Wenn Sie auf den Bus warten, dauert es viel länger. Steigen Sie schon ein!"

„Vielen Dank", erwiderte er und öffnete die Beifahrertür. „Ich muss tatsächlich nach Mainz."

Als wir die Kaserne verließen, tauchten die letzten Sonnenstrahlen am jenseitigen Rheinufer die Bergketten des

Hunsrücks in dunkles Rot. Bald schon erblickten wir in der Ferne den Dom und die Stephanskirche.

Bisher hatten wir nur einige wenige belanglose Worte miteinander gewechselt. Es war offensichtlich, dass er abwartete. Also lag es an mir.

„Wie ich es drehe und wende, ich lande immer wieder bei Ihnen“, kam ich direkt auf den Punkt. „Wenn ich herausfinden will, was an diesem Freitag mit Daniel geschah, dann brauche ich Ihre Hilfe.“

Auf seinen Lippen erschien ein gequältes Lächeln. „Ich verstehe, dass Sie eine Antwort auf ihre Fragen wollen, aber wem hilft das? Daniel ist tot. Ich weiß nicht, was Sie von mir erwarten.“

„Ich wünsche mir, dass Sie mir vertrauen und offen mit mir sprechen.“

Er sah mich nachdenklich an. „Ich versuche mein Bestes.“

„Waren Sie und Daniel jemals ein Paar?“

„Das ist eine sehr intime Frage“, er zögerte, „aber, um sie kurz und einfach zu beantworten: Nein!“

„Bedauern Sie es?“

„Ja, ich hätte mir eine Beziehung gewünscht“, gab er nach einer Weile zu.

„Und Sie sind sich sicher, dass Daniel homosexuell war?“

Er lächelte. „Er hat es mir gesagt.“

„Bei welcher Gelegenheit?“

„Als ich mir ein Herz fasste und ihm auf unserer Lichtung gestand, dass er mir gefiel. Meine Offenheit schien ihm allerdings sichtlich unangenehm.

„Und, was hat er Ihnen geantwortet?“

Einen Augenblick sann Frank nach, als suche er in seinem Gedächtnis die exakten Worte Daniels.

„Ich bin gebunden, und nichts und niemand wird dieses

Band je lösen können. Aus seinem Mund klang es fast wie ein Gelübde."

„Hat er denn gesagt, in welchen Mann er sich so bedingungslos verliebt hatte?"

„Nein."

„Und es gab keinen Hinweis, ob sein Freund jemand aus der Kaserne oder von außerhalb war?"

Er schüttelte den Kopf. „Er wollte, dass es ein Geheimnis blieb."

„Hat Daniel vielleicht irgendetwas Persönliches von diesem Mann besessen, womöglich ein Photo?", beharrte ich.

„Ich habe nie irgendeine Photografie bei ihm gesehen. Obwohl, das heißt…", unvermittelt hielt Frank Weitzel inne, runzelte die Stirn und schien zu überlegen, „einen Ansatzpunkt gibt es vielleicht doch. Wissen Sie, Daniel sammelte Briefe. Obwohl er seine Schwester ja jedes freie Wochenende sah, wünschte er sich regelmäßig Briefe von ihr, in denen sie einfach berichten sollte, was ihr so unter der Woche zugestoßen war. Er war vernarrt in die Idee Post zu erhalten.

Ja, ich erinnere mich jetzt wieder. Er erwähnte einmal, dass er sich von seinem Freund einen Brief gewünscht hatte."

„Hat er ihn denn auch erhalten?"

„Keine Ahnung."

„Seltsam nur, dass bei Daniels Sachen keine Briefe gefunden wurden. Wo könnte Daniel sie denn aufbewahrt haben? Hatte er vielleicht ein Versteck dafür, von dem Sie wussten?"

Frank überlegte. „Er hat nie mit mir darüber gesprochen, aber vielleicht hatte er oben auf dem Speicher …", unvermittelt hielt er mitten im Satz inne.

„Ja", drängte ich, „oben auf dem Speicher. … Das heißt auf welchem Speicher?"

„Das ganze Dachgeschoss“, sagte er leise, „ist ein großer Speicher.“

Ich warf ihm einen fragenden Blick zu.

„Die Kompaniegebäude“, erläuterte er, „haben, von außen betrachtet, drei Stockwerke. Innen aber endet die Treppe im zweiten Stock. Wenn Sie dort den Gang jedoch bis ganz zu Ende gehen, kommt auf der rechten Seite ein ungenutzter Raum, eine Art Abstellkammer. In die Decke dort ist eine breite Luke eingelassen und eine ausklappbare Leiter, über die man auf den Speicher kommt.

Die Wände sind dort voll gestellt mit kaputten Spinden und Betten. Alles ist staubig und muffig, aber man hat wenigstens seine Ruhe. Es ist eigentlich verboten sich dort aufzuhalten, doch niemand kontrolliert das.“

„Wieso sollte Daniel ausgerechnet dort seine Sachen aufbewahrt haben?“

„Nachdem es uns zu kalt geworden war, um uns auf der Lichtung zu treffen, haben wir uns oft auf dem Speicher verkrochen, wenn wir unsere Ruhe haben wollten. Deshalb könnte ich mir vorstellen, dass Daniel sich vielleicht dort oben ein Versteck eingerichtet hat.“

„Wenn Sie sagen, dass sie beide dort oben ihre Ruhe hatten, bedeutet das, dass die anderen Soldaten nichts von diesem Speicher wussten oder dass er sie einfach nicht interessierte?“

„Die meisten wissen von dem Speicher, da der eine oder andere immer mal den Auftrag hat, etwas dort hochzuschaffen, doch Daniel und ich waren die einzigen, die ihn nutzten.“

Schon fuhren wir über die Theodor-Heuss-Brücke und bogen auf die Rheinstraße ein.

„Sie können mich beim Kaufhof absetzen“, schlug Frank Weitzel vor.

„Eines wollte ich Ihnen noch sagen“, wechselte ich

unvermittelt das Thema. „Es geht um die Verletzung auf Ihrem Handrücken. Ich will nur, dass Sie wissen, dass Sie mir vertrauen können. Wenn jemand Sie bedroht, können Sie mich jederzeit aufsuchen. Ich will Ihnen helfen." Einen Augenblick herrschte Schweigen.

„Hier", sagte er dann, „am besten ist, Sie lassen mich hier raus."

Speicher im Mondschein

Vergessen waren meine sämtlichen Ideen für einen Abend in der Stadt. Nachdem ich Frank Weitzel in der Nähe des Theaters abgesetzt hatte, fuhr ich schnurstracks nach Hause, doch nicht, um dort auf andere Gedanken zu kommen, sondern um stattdessen meine nächsten Schritte genau zu planen. Ich suchte mir Bindfaden, Kleber, ein Taschenmesser und eine Taschenlampe zusammen und verstaute alles in meinen Jackentaschen. Die neuen Informationen, die ich von Frank erhalten hatte, gingen mir nicht mehr aus dem Kopf.

Für einen Moment zwar zögerte ich noch einmal bei dem Gedanken an das, was ich plante, doch ich hatte mich entschieden. Als ich schließlich den Schlagbaum passierte und in die Kaserne zurückkehrte, packte mich das Jagdfieber vollends. Welche Geheimnisse mochte wohl der Speicher bergen? War ich der Lösung des Rätsels um Daniels Tod womöglich ganz nahe?

Gespenstische Ruhe herrschte im Kompaniegebäude, als ich vorsichtig die Treppe hinaufstieg. Ich fand das Zimmer am Ende des Ganges genauso vor, wie Frank es mir beschrieben hatte, winzig und muffig. Es dauerte einige Zeit, bis ich die Leiter ausgezogen und die Luke geöffnet hatte, doch schließlich war der Weg frei. Oben angelangt klappte ich die Leiter sicherheitshalber wieder ein, damit niemand mich überraschte.

Mein Herz raste vor Aufregung, doch als ich den Lichtstrahl meiner Taschenlampe umherwandern ließ, sank meine hochgespannte Erwartung rasch auf den Nullpunkt. Nicht nur, dass der Raum riesig war, auch stand er mit ausrangierten Tischen, Stühlen und Spinden beinahe zur Hälfte voll. Wenn ich alles genau durchsuchen wollte, hatte ich hier gut und gerne Arbeit für das nächste halbe Jahr vor mir. Zögernd bewegte ich mich zur Mitte des Raumes hin, als plötzlich eine der Bohlen unter meinem Tritt laut knarrte. Ich fuhr zurück und stieß gegen einen der Nachttische. Dichter Staub wirbelte auf und ich musste niesen. In der Stille der Nacht erschien mir das Geräusch extrem laut, und ich zweifelte nicht daran, dass ich mich verraten hatte. Angespannt lauschte ich auf mögliche Schritte und Stimmen im Stockwerk unter mir. Doch zu meiner Erleichterung blieb alles still.

Ich wischte mir den Schweiß von der Stirn und richtete meine Taschenlampe auf den Nachttisch; dicker Staub hatte sich hier im Laufe der Zeit angesammelt.

Schon wollte ich mich abwenden, als mir plötzlich die Erleuchtung kam. Natürlich! Wenn es hier tatsächlich etwas von Interesse zu entdecken gab, dann musste der Ort, an dem es versteckt war, daran zu erkennen sein, dass er entweder staubfrei war, oder zumindest Spuren aufwies.

Ich schöpfte wieder Mut und begann den weitläufigen Speicher in langen Bahnen abzugehen, um ja nichts zu übersehen. Erstaunt über die Vielzahl der Spuren, die ich entdeckte, fragte ich mich, ob außer Daniel und Frank auch andere regelmäßig den Speicher genutzt hatten.

Schließlich aber stieß ich auf ein nahezu staubfreies Areal von circa einem Meter Durchmesser. Der Gedanke lag durchaus nahe, dass es sich hierbei um den Treffpunkt von Daniel und Frank gehandelt hatte. Die Begrenzung dieses Platzes wurde von zwei Wänden sowie einem Spind gebildet. Ich deponierte die Taschenlampe im obersten Fach des Spindes und begann dieses abzutasten, doch so genau und sorgfältig ich den Spind, seine Rückwand, die Zwischenböden und das offen stehende Privatfach auch absuchte, es war nichts zu finden.

Die Enttäuschung frustrierte mich umso mehr, als ich

mich meinem Ziel bereits nahe gewähnt hatte. Wo sollte ich jetzt noch suchen? Unschlüssig trat ich an eines der kleinen Dachfenster und sah hinaus. Von hier hatte man einen guten Blick über den Hauptplatz der Kaserne. Das Mondlicht fiel schräg durch die Gaube.

Eine Weile blieb ich so stehen, dann öffnete ich behutsam das Fenster, um frische Luft hereinzulassen. Als ich mich leicht herausbeugte, hielt ich verblüfft inne. Das verschneite Fensterbrett war mit Zigarettenstummeln übersät. Aufmerksam geworden blickte ich mich um und entdeckte zahlreiche Fußabdrücke im näheren Umkreis des Fensters.

Zwei Spinde standen in unmittelbarer Nähe, von denen einer halb geöffnet war und bei flüchtiger Untersuchung keinerlei Besonderheiten zeigte. Im anderen jedoch fanden sich zu meiner Überraschung fünf Gasmasken, mehrere Dosen schwarze Schuhcreme und eine angebrochene Schachtel Zigaretten.

Noch während ich staunend auf dieses seltsame Sammelsurium starrte, hörte ich auf einmal das Schnappen der Dachlukenverriegelung. Schon wurde die Leiter ausgeklappt und das Gemurmel leiser Stimmen drang aus dem Raum unter mir an mein Ohr. Wertvolle Sekunden verstrichen, während ich vor Schreck noch wie gelähmt stand. Mein Magen verkrampfte sich und mir brach der Schweiß aus, doch endlich gelang es mir, einen klaren Gedanken zu fassen. Vorsichtig zog ich mich Schritt für Schritt von der Luke zurück, hin zur der Fensterfront abgewandten Wand und verbarg mich hinter einem der Spinde. Keine Sekunde zu früh, denn just in diesem Moment stieg jemand die Leiter hinauf, und ich saß in der Falle.

Mir stand der Angstschweiß auf der Stirn, doch ich musste unbedingt erfahren, was dort vor sich ging, also lugte ich mit äußerster Vorsicht um die Ecke meines Spindes, und konnte im Gegenlicht des Mondes vier Personen ausmachen, die, mir den Rücken zugewandt, sich genau vor jenem Fenster versammelten, an dem ich die Zigarettenstummel gefunden hatte. Zwei von ihnen steckten sich gerade eine Zigarette an, so dass deren roten Lichter wie Glühwürmchen im Halbschatten tanzten. Während die nächtlichen Besucher sich leise zu unterhalten begannen, raste mein Herz vor Aufregung und das Blut rauschte in meinen Ohren; nur bruchstückhaft verstand ich einige Worte.

„ ... herausbekommen ...“ sagte einer und „ ... Scheiße ...“

„Schwer ...“, erwiderte ein anderer.

„Und wenn schon“, fiel ein dritter ein, „... beweisen.“

„... der andere geplaudert hat?“

„Das glaube ich nicht. Und wenn schon. Jetzt kann er jedenfalls keinem mehr etwas erzählen. Kommt, lasst uns anfangen.“

Auf einen Augenblick der Stille folgte ein seltsames, unangenehmes Kratzen. Neugierig beugte ich mich vor, um die Ursache des Geräusches auszumachen, doch ich vermochte nicht zu erkennen, was dort vor sich ging, da sich die nächtlichen Besucher am anderen Ende des Speichers hinter Spinden und Schränken meinem Blick entzogen.

Bald indes brach das Kratzen ab und an seine Stelle trat ein leises Schaben und Klopfen. Dann kehrte für kurze Zeit Ruhe ein, bis schließlich das Kratzen von neuem begann, wiederum gefolgt vom Schaben und Klopfen. Eine ganze Weile ging es auf diese Weise hin und her, während ich mich, angestachelt durch meine Neugierde, Stück für Stück weiter hinter meinem Spind hervorwagte, aber noch immer war es mir unmöglich, irgendetwas zu erkennen.

Plötzlich jedoch näherten sich meinem Versteck Schritte, und ich zog rasch meinen Kopf zurück.

„Irgendeiner muss doch diesem Einzelkämpfer was gesteckt haben. Warum sollte der sonst hier sein?“, erklang eine Stimme ganz in meiner Nähe. „Ich weiß nicht, ich werde das Gefühl nicht los, dass mit dem Typen etwas faul ist; da steckt noch mehr dahinter."

„Wie meinst du das?"

„Ich weiß nicht genau. Manchmal wirkt er überhaupt nicht wie ein Soldat auf mich, geschweige denn wie ein Einzelkämpfer."

„Ach was, du spinnst doch!" Die Stimme in der Nähe meines Spindes entfernte sich wieder, doch noch wagte ich nicht aufzuatmen.

„Also, beschlossene Sache", sagte einer, „wir fühlen ihm noch mal auf den Zahn."

„Okay", antwortete ein Chor von Stimmen.

„Für heute machen wir Schluss."

Aufgeregt beugte ich mich erneut um die Ecke meines Spindes, denn das war womöglich meine letzte Chance, einen der nächtlichen Besucher zu identifizieren, und eines stand fest: Ich durfte sie auf keinen Fall unerkannt entwischen lassen, denn nach ihrem Gespräch war ich mir sicher, dass sie etwas mit Daniels Tod zu tun hatten.

Doch schon hörte ich, wie die Luke geöffnet und die Leiter ausgefahren wurde. Schritt für Schritt, Knarren für Knarren ging es die Sprossen hinab, dann wurde die Leiter hinaufgeschoben und die Luke verschlossen, und ich war wieder allein.

Schlafmangel

„Sie sehen ein wenig übermüdet aus“, konstatierte der Oberst.

„Das macht das anstrengende Leben bei der Armee, zuviel frische Luft und körperliche Betätigung“, entgegnete ich.

„Sehr witzig!“ Offensichtlich war der Oberst nicht zu Späßen aufgelegt. „Kommen Sie denn voran?“, fragte er mich, während er unruhig in seinem Zimmer auf und ab lief. „Wissen Sie, ich habe meiner Frau zuliebe diese ganze Komödie mitgemacht, obwohl ich damit meine Karriere gefährde. Ihnen bleiben nur noch drei Tage. Also, haben Sie denn inzwischen noch etwas Neues herausgefunden, oder nicht?“

Erstaunt über seinen barschen Ton fragte ich mich, welche Laus ihm wohl über die Leber gelaufen war. Was auch immer jedoch der Grund für seine üble Laune war, sie bestärkte mich in jedem Fall in meinem Entschluss, Thon vorerst nichts von meinen nächtlichen Erlebnissen zu erzählen. Zudem hatte ich ja auch im Augenblick nichts wirklich Handfestes vorzuweisen.

„Wussten Sie, dass Daniel einen Geliebten hatte?“, fragte ich ihn stattdessen.

Thon starrte mich ungläubig an, als hätte ich ihm eröffnet, er würde zum Gefreiten degradiert.

„Das gibt’s doch nicht! Woher wollen Sie das denn wissen?“

„Frank Weitzel hat es mir erzählt.“

„Frank Weitzel?“ Der Oberst starrte aus dem Fenster, suchte nach Worten. „Es fällt mir schwer, das zu glauben“, sagte er dann. „Daniel hat mir nie etwas davon erzählt.“ Er runzelte die Stirn.

„Aber selbst wenn das stimmen sollte, sehe ich nicht, inwieweit das mit seinem Tod in Verbindung stehen sollte."

„Es ist zumindest ein Ansatzpunkt. Wenn wir wüssten, wer Daniels Geliebter war, dann könnten wir von ihm vielleicht Genaueres über Daniels letzte Tage in Erfahrung bringen."

„Aber, wie sollen wir diesen ominösen Freund denn finden?"

„Frank Weitzel erzählte mir, dass womöglich ein Brief von diesem Unbekannten existiert. Er sagte mir, dass Daniel wahrscheinlich darauf gedrungen hat, dass sein Geliebter ihm ein paar Zeilen schrieb, vielleicht als Zeichen seiner Liebe, vielleicht auch nur, damit Daniel von ihm etwas ganz Persönliches besaß."

„Das ...", überlegte der Oberst, während er erregt im Zimmer auf und ab lief, „das könnte tatsächlich zu Daniel passen. Ich erinnere mich daran, dass er ständig Post von Sylvia bekommen wollte. Aber wo befindet sich dieser Brief jetzt, wenn er denn überhaupt geschrieben wurde? Warum ist er bisher nicht gefunden worden?"

Ich ließ mich von der Skepsis des Obersts nicht beeindrucken. „Ich habe da so eine Ahnung, wo der Brief sein könnte." Kurz zögerte ich und überlegte, wie viel von meinem Wissen ich auf einmal preisgeben sollte.

„Wo denn nun? Lassen Sie sich doch nicht alles aus der Nase ziehen!"

„Auf dem Speicher."

„Auf dem Speicher?"

„Ja, in Daniels Kompanie gibt es über dem zweiten Stock ..."

„Um Himmels willen, das weiß ich doch, aber warum sollte sich der Brief ausgerechnet dort befinden?"

„Ich vermute, Daniel wollte den Brief geheim halten, sogar vor Sylvia, also konnte er den Brief nicht zuhause aufbewahren. Er musste ein anderes Versteck finden. Auf die Idee mit dem Speicher brachte mich wieder Frank Weitzel. Er erzählte mir, dass sie sich beide öfters dort oben trafen." Scheinbar war es mir endlich gelungen, den Oberst zu überzeugen.

„Haben Sie denn schon eine Ahnung, wo man auf dem Speicher suchen müsste?"

„Noch nicht, aber ich denke, dass es das Sinnvollste wäre, wenn Sie mir einige Rekruten zuteilen, die mit mir noch heute Vormittag den Speicher durchkämmen."

Thon überlegte. „Nein, das geht auf keinen Fall, denn ich kann heute keine Leute entbehren", sagte er dann. „Ich habe anlässlich des bevorstehenden Besuchs der benachbarten amerikanischen Garnison für den gesamten Vormittag Exerzierübungen angesetzt, die wir nicht verschieben können. Und nachmittags findet dann das deutsch-amerikanische Freundschaftsfest statt.

Aber morgen früh", entschied er, „werde ich als allererstes die Untersuchung des Speichers veranlassen."

Intermezzo

Der deutsch-amerikanische Freundschaftstag neigte sich dem Ende zu; es dunkelte bereits. Es war für mich an der Zeit aufzubrechen, und eines wusste ich sicher, als ich in mein Auto stieg: Heute Nacht würde ich in meiner vertrauten heimatlichen Wohnung ausschlafen und nichts würde mich davon abhalten können, denn ich brauchte unbedingt ein wenig Abstand, da der Tag in quälender Untätigkeit vergangen war. Mir lief die Zeit davon, doch mir waren die Hände gebunden. Ich brannte darauf, die Suche auf dem Speicher fortzusetzen, doch allein hatte dieses Vorhaben ohne weitere Anhaltspunkte keinen Sinn. Also blieb mir nichts übrig, als den nächsten Tag abzuwarten.

Während ich nach Hause fuhr, drehten sich meine Gedanken unablässig um die Ereignisse in der Kaserne. Langsam aber sicher begann die ganze Sache Gestalt anzunehmen. Für mich zählten die nächtlichen Besucher des Speichers eindeutig zu den Hauptverdächtigen, auch wenn mir das genaue Motiv noch nicht ganz klar war. Auf jeden Fall musste es jedoch etwas mit den verschwundenen Daten-CD's zu tun haben. Wahrscheinlich war Daniel auf etwas gestoßen, das ihnen gefährlich werden konnte.

Was auch immer das war, ich hoffte, dass der Schlüssel zur Lösung dieses Falls sich auf dem Speicher befand. Womöglich hatte Daniel belastendes Material dort versteckt, das mir verraten würde, warum er hatte sterben müssen und welches Geheimnis die Gruppe barg, die sich gestern Nacht auf dem Speicher getroffen hatte. Wie jedoch auch immer: Im Augenblick konnte ich nichts weiter tun.

Ich merkte, dass ich mich im Kreise drehte. Womöglich war es doch keine so gute Idee, den Abend allein zu Hause zu verbringen. Aller Wahrscheinlichkeit nach würde ich unablässig über Daniels Tod weitergrübeln. Anna, schoss es mir plötzlich durch den Kopf, ich würde Anna besuchen. Natürlich, wenn jemand in der Lage war, mich auf andere Gedanken zu bringen, dann sie.

Vernissage

„Hallo, das ist ja eine tolle Überraschung!“, herzlich umarmte Anna mich. Sie sah bezaubernd in ihrem schwarzen, trägerlosen Abendkleid aus. „Was für ein Zufall. Ich wollte gerade aufbrechen. Heute Abend ist Vernissage im Eisenturm. Prima, dass du da bist. Komm doch einfach mit.“

Wie eine Flutwelle kam ihre Begrüßung über mich und war drauf und dran mich mit sich zu reißen, doch noch zögerte ich. Ich hatte mir ja ein wenig Ablenkung gewünscht, aber gleich soviel? Der Trubel, die vielen Menschen und dann auch noch eine Überdosis Kunst? Doch je länger ich darüber nachdachte, desto besser gefiel mir der Gedanke. Womöglich war das tatsächlich genau die Art von Zerstreuung, nach der ich gesucht hatte.

„Okay“, erwiderte ich, „ich bin dabei!“

Als wir die Galerie im Eisenturm erreichten, hatte sich schon eine Menge illustre Gäste eingefunden, die sich bei Lachsschnittchen und Sekt mit Orangensaft angeregt und fachkundig unterhielten. Bei dieser Art von Unterhaltung musste ich meist passen, denn ich vermochte für gewöhnlich über die meisten Gemälde und Künstler nicht mehr zu äußern, als dass sie mir entweder gefielen oder nicht.

Daher hielt ich mich ein wenig im Hintergrund, während Anna hier und dort die ersten Bekannten begrüßte. Fast schien es mir, als sei ihr jeder einzelne der geladenen Gäste bekannt. Nun ja, sie lebte - wie bereits erwähnt - ein überflutetes Leben. Ein bisschen kam ich mir vor wie bestellt und nicht abgeholt. Ich wollte nicht wie eine Klette an Anna hängen, aber ich fühlte mich zu meinem Leidwesen auch nicht in der Lage, mich mit den übrigen Anwesenden zu unterhalten, da ich in Gedanken noch immer bei Sylvia und dem Geheimnis um Daniels Tod war. Wann immer jemand auf mich zukam, der so aussah, als trage er sich mit dem Gedanken, mich anzusprechen und nach meiner Meinung zu den Gemälden zu fragen, biss ich wie im Reflex herzhaft in eine allzeit bereit gehaltene Lachsschnitte und goss rasch einen Schluck Sekt hinterher, um mit vollem Mund einer Konversation aus dem Weg zu gehen. Allein herum zu stehen, während alle anderen sich augenscheinlich prächtig unterhielten, machte allerdings auch keinen Spaß. Ich hatte das ungute Gefühl, dass man es mir heute Abend nicht recht machen konnte.

Im selben Augenblick da ich überrascht die unverkennbaren Skulpturen einer meiner Patientinnen entdeckte, schallte laut der Ruf „Hallo, Doc!“, durch die Galerie, und schon stürzte Gerhilde Aschner auf mich zu.

„Also, Sie sind ein wirklicher Heiler“, begrüßte sie mich lautstark. „Mit den Spritzen geht's mir ja richtig gut in letzter Zeit“, nahm sie Bezug auf den Umstand, dass sie einmal pro Monat zu mir in die Praxis kam, um sich eine Spritze für die Nerven in den Hintern geben zu lassen. Sie wandte sich der Traube von Bekannten und Freunden zu, mit denen sie sich gerade im Gespräch befunden hatte.

„Das ist mein Doc, der mir so geholfen hat.“ Ich spürte, dass ich rot wurde. Einerseits, weil es mir unangenehm war, im Mittelpunkt zu stehen und angegafft zu werden, andererseits, weil mir ihr Kompliment gefiel. Ich wehrte ab.

„Nein, nein“, beharrte sie, „nur nicht so bescheiden.“

„Lassen Sie uns lieber über ihre Werke sprechen“, lenkte ich die allgemeine Aufmerksamkeit von mir ab. „Diese Arbeit hier gefällt mir besonders gut, sie ist ausdrucksstark und voller Schöpfungskraft.“ Die Skulptur zeigte eine fragile Mauer aus Stacheldraht, an der ein hagerer, sehniger Stacheldrahtmensch klebte - wenn ich die spitzen Stacheldrahtverhaue unter dem Hals richtig deutete, am ehesten eine Frau. Unter diesen Verhauen befand sich eine Öffnung im Körper. Mit der rechten Hand stützte die Figur eine darin eingelassene Schublade aus Stacheldraht, in der ein rotes Filzherz lag.

In diesem Moment stieß Anna zu uns und zeigte sich sofort begeistert. „Welch klare, kräftige Botschaft“, jubelte sie, „zweifach geschützt vor der feindlichen Umwelt, einmal durch die Mauer, und zum zweiten durch die Schublade im eigenen Körper. Wie ergreifend. So klar.“

Freudestrahlend nahm meine Patientin das Lob entgegen. Ich hingegen stand für einen Augenblick wie erstarrt.

„Das ist es“, rief ich dann, „natürlich, das ist es, die einzige Möglichkeit, die noch bleibt. Zweifach geschützt!“ Anna blickte mich beunruhigt an, einen solchen Gefühlsausbruch inmitten von Kunst war sie von mir nicht gewohnt.

„Ja, das sagte ich eben, zweifach geschützt, aber beruhige dich doch wieder. Es ist ein tolles Kunstwerk, aber kein Grund darüber die Nerven zu verlieren.“

„Ich weiß, wo Daniel den Brief versteckt hat“, erwiderte ich. „Ich muss zurück in die Kaserne.“

Zweiter Versuch

Als ich behutsam die Treppe im Kompaniegebäude emporstieg, ging es bereits gegen Mitternacht. Da ich mittlerweile ja Routine im Gebrauch der Ausziehleiter hatte, dauerte es nicht lange, bis ich mich erneut auf dem Speicher wiederfand.

Zielstrebig näherte ich mich der Stelle, von der ich vermutete, dass sie Daniels und Franks Treffpunkt gewesen war. Dort schob ich vorsichtig den nächststehenden Spind bis an die rückwärtige Wand. Die Bohlen, die bisher unter dem Boden des Spindes verborgen gewesen waren, lagen nunmehr frei.

Ich beugte mich nieder und fuhr mit meinem Messer die Ritzen zwischen den Brettern entlang. Das erste widersetzte sich, und auch das zweite strafte meine Versuche mit Missachtung, das dritte aber gab ohne Gegenwehr sofort nach. Es ließ sich problemlos anheben. Darunter lag der Zwischenboden wie eine riesige, nur an dieser Stelle zugängige Schublade.

Aufgeregt leuchtete ich mit der Taschenlampe hinein, doch ich konnte auf den ersten Blick nichts Auffälliges entdecken. Also tastete ich mit dem Arm in die Dunkelheit; Staub fühlte ich, Spinnweben und plötzlich eine kleine Kiste. Erwartungsvoll hob ich sie in das Licht der Taschenlampe und öffnete ihren Verschluss. Eine CD nur, eine einzige CD befand sich in der Kiste, und doch wusste ich, dass ich am Ziel war; ich hatte Daniels Versteck gefunden. Hier hielt ich den Schlüssel, nach dem ich gesucht hatte, in Händen.

Ich steckte die Kiste in meine Jackentasche, legte die Bohle an ihren angestammten Platz zurück und ließ vorsichtig den Spind in seine ursprüngliche Stellung zurückgleiten. Ich fühlte mich erschöpft, wie nach einem langen Marsch. Es rauschte in meinen Ohren vor Anstrengung und Glück. Ich hatte es geschafft. Zuguterletzt hatte ich also doch noch die Früchte meiner Mühen geerntet, auch wenn eine Frage offen blieb: Wo befand sich der erhoffte Brief?

In diesem Augenblick quietschten die Scharniere der Luke und die Leiter wurde ausgezogen. Wie von der Tarantel gestochen fuhr ich auf, doch es war zu spät für eine Flucht. Mir blieb keine Wahl, als mein bereits bewährtes Versteck zwischen Spind und Wand aufzusuchen und dort der kommenden Dinge zu harren.

Schon knarrten die Stufen der Leiter, und jemand kletterte die Sprossen hinauf. Deutlich hörte ich das Atmen des Neuankömmlings.

Plötzlich flackerte ein Lichtstrahl in der Dunkelheit auf und begann hin und her zu wandern. Mir brach der Schweiß aus. Jetzt saß ich schön in der Falle. Wenn der Besucher tatsächlich vorhatte, den Raum abzusuchen, würde er über kurz oder lang auf mich stoßen. Mir lief es kalt den Rücken hinunter. Schließlich hatte ich es hier womöglich mit einem Mörder zu tun.

Noch verharrte das Licht einige Spinde von mir entfernt. Der Andere ging offensichtlich mit äußerster Genauigkeit vor, und eines war somit sicher: Ungesehen würde ich auf keinen Fall entkommen können. Also blieb mir nur eines übrig, in Anlehnung an das geflügelte Wort, welches da behauptete, Angriff sei die beste Verteidigung. Zwar hatte ich bezüglich dieses Ratschlags immer meine Zweifel gehegt, jetzt aber würde ich den Wahrheitsgehalt dieser Weisheit aus erster Hand überprüfen können. Wenn ich den anderen überraschte und über den Haufen rannte, dann konnte ich ihn vielleicht identifizieren und aufgrund seiner Überraschung gleichzeitig ungeschoren davonkommen.

Irgendwie klang das Ganze zwar nicht sehr Erfolg versprechend und Vertrauen erweckend, aber einen anderen

Plan hatte ich nicht. So vorsichtig wie möglich stemmte ich mich hoch, um meinen Gegner nicht vorzeitig von meiner Anwesenheit zu unterrichten. Doch in dem Augenblick, da ich mein Gewicht verlagerte, knarrte die Bohle unter mir laut und unüberhörbar. Prompt verharrte der Lichtstrahl.

Jetzt war keine Zeit mehr zu verlieren. Ich stürmte los und stieß in meinem Übereifer mit der Hüfte gegen einen Nachttisch; das Licht fuhr mir entgegen, ich taumelte weiter, prallte mit meinem Widersacher zusammen, und in einem Knäuel aus Armen und Beinen gingen wir beide zu Boden.

Ich fuchtelte in meiner Aufregung und Angst wie wild um mich, da ich jeden Augenblick erwartete, dass es dem Anderen gelingen würde, sich freizumachen und über mich herzufallen.

Plötzlich jedoch traf einer meiner Arme meinen Widersacher und warf ihn mit heftigem Schwung gegen eine Spindtür, woraufhin er mit einem halb unterdrückten Schmerzensschrei für einen Augenblick benommen liegen blieb. Ich bemerkte, dass seine Taschenlampe in meiner Reichweite lag, griff zu und leuchtete ihm ins Gesicht, bereit beim ersten Zeichen eines Angriffes mit der Taschenlampe zuzuschlagen.

„Sie?“, hörte ich mich staunend fragen, während mir vor Überraschung die Kinnlade herunterklappte. „Das kann doch nicht...“

Vor mir am Boden lag Oberst Ernst Thon, Kommandeur der Kaserne, und hielt sich schmerzverzerrt die angeschlagene Stirn. Er schob meinen Arm mit der Taschenlampe beiseite.

„Was soll das?“, fing er an. Da erkannte er mich.

„Also ...“, suchte ich stammelnd nach einer Erklärung, als mir plötzlich bewusst wurde, dass sein Erscheinen um diese Zeit auf dem Speicher noch wesentlich rätselhafter war als das meine. Wenn jemand unter Erklärungszwang stand, dann eigentlich er.

„Was zum Teufel machen Sie denn hier?“ entfuhr es mir.

Diesmal verließen ihn seine Überlegenheit und unerschütterliche Ruhe.

„Eigentlich, also ... ich“, stotterte er, aber noch bevor er zum Punkt kommen und mir den Grund seines nächtlichen Speicherausfluges erläutern konnte, veranlassten uns Schritte im Gang unter uns, unsere Konversation zu unterbrechen. Schon hatten sie den Raum erreicht, von dem aus man auf den Speicher gelangte. Natürlich, wie sollte es auch anders sein. Ich konnte es nicht fassen. Zweifelsohne gab es in der Kaserne keinen anderen Ort, der um diese Nachtzeit auch nur annähernd so frequentiert wurde wie dieser Speicher.

Der Oberst begriff sofort, als ich den Finger auf die Lippen legte und ihm bedeutete zu schweigen. In stiller Hektik sammelten wir unsere Knochen zusammen, zogen uns in die Ecke des Speichers, aus der ich gekommen war, zurück, und suchten uns jeder einen Platz hinter einem der Spinde, wie sich zeigte, keine Sekunde zu früh. Denn schon wurde die Luke erneut geöffnet und die Leiter ausgefahren.

Diesmal waren es mehrere Personen, die den Speicher betraten.

„Okay, du Arsch“, erklang grob die Stimme eines der Neuankömmlinge, „jetzt wirst du dafür bezahlen, dass du deinen Mund nicht halten kannst. Wir haben dich gewarnt. Packt ihn aus!“

Es klang, als falle schwerer Stoff zu Boden. Ich sah zum Oberst hinüber, der hinter dem Spind neben mir Deckung bezogen hatte, und nur als dunkler Schatten erkennbar war. Die Stimmen kamen näher. Etwas schleifte über den Holzboden. Plötzlich erahnte ich in der Finsternis Bewegung und zog mich vorsichtig wieder zurück. Eine Zigarette glomm in der Dunkelheit auf, dann eine zweite.

„Haltet ihn gut fest!“, befahl die Stimme.

Taschenlampen warfen plötzlich Licht und Schatten auf den Speicher, und ein dumpfes, gequältes Aufstöhnen erklang.

In diesem Augenblick trat der Oberst vor. „Sofort aufhören“, warf er mit befehlsgewohnter Stimme in den weiten Raum. Für einen Moment herrschte völlige Stille, während ich neben ihn trat. Die Strahlen der Taschenlampen, die eben noch eine kauernde Gestalt inmitten einem Kreis von vier Personen festgehalten hatten, hingen erschlafft zu Boden. Jemand ließ seine Zigarette fallen.

Vier Gesichter mit Glubschaugen und breiten unförmigen Rüsseln wandten sich uns zu. Thon jedoch bewahrte die Ruhe.

„Schluss damit!“, befahl er noch einmal nachdrücklich. „Was soll dieser Mummenschanz hier? Runter mit den Gasmasken.“

Da plötzlich kam Bewegung über die vier Verkleideten. Während zwei von ihnen tatsächlich ihre Gasmasken abstreiften, suchten die beiden anderen ihr Heil in der Flucht. In ihrem Vorhaben, so schnell wie möglich die Luke zu erreichen, behinderten sie sich allerdings gegenseitig nach allen Kräften.

„Stehen bleiben!“, brüllte Thon und zog seine Pistole. Alle Anwesenden erstarrten. Im Licht- und Schattenspiel der Taschenlampen erinnerte der Oberst mich in diesem Augenblick an einen Revolverhelden aus alten Westernfilmen.

„Sie machen das Licht an!“, befahl er dem Nächststehenden; ein, zwei schlurfende Schritte erklangen, und auf einmal war der Speicher in helles Licht getaucht, so dass ich für einen Augenblick geblendet war. Als sich meine Augen jedoch an die Helligkeit gewöhnt hatten, erkannte ich Frank Weitzel wieder, der in der Mitte des Raumes kauerte, während neben dem Lichtschalter Michael Ballauf stand, sein hagerer Zimmergenosse. Zwei weitere - mir unbekannte Soldaten - verharrten betreten am Fenster. Neben der Luke aber kam unter der Gasmaske zuguterletzt das runde Krapfengesicht des Stabsunteroffiziers Otter zum Vorschein.

Im Kreise

„Noch einmal. Wo waren Sie am Freitagabend, beziehungsweise am frühen Samstagmorgen?“ Der Oberst fixierte Otter scharf.

„Zu Hause.“ Der Stabsunteroffizier zeigte sich unbeeindruckt.

„Kann das jemand bezeugen?“

„Nein.“

„Weshalb nicht? Leben Sie allein?“

„Ich wohne mit meiner Mutter zusammen. Aber die schlief zur fraglichen Zeit.“

„Waren Sie am Freitagabend noch mal in der Kaserne?“

„Nein.“

„Haben Sie sich mit dem Gefreiten Daniel Thon getroffen?“

„Nein.“

Ich fragte mich, wohin uns der Verhörstil des Obersts führen sollte. Unermüdlich stellte er die gleichen Fragen, unermüdlich gab der Stabsunteroffizier die gleichen Antworten. Vielleicht war Thon der Meinung, mit seinen Wiederholungen eine besonders raffinierte Zermürbungstaktik anzuwenden; ich indes war scheinbar der einzige bei dem seine Methode Wirkung zeigte.

Die Viererbande war direkt vom Speicher in das Gefängnis der Kaserne geschafft und in getrennten Zellen untergebracht worden, wo der Oberst und ich trotz der späten Stunde die ersten Verhöre durchführten.

Noch immer fiel es mir schwer zu glauben, wenn ich mir das harmlos wirkende Pfannkuchengesicht des Stabsunteroffiziers Otter betrachtete, dass er als Anführer für die Folter von Frank und vielleicht auch Daniel verantwortlich war.

Er stritt jedoch nichts ab. Dabei trug er eine Arroganz und Selbstsicherheit zur Schau, die mich anwiderte. Ich fragte mich, ob er sich seiner Lage tatsächlich bewusst war, denn er zeigte weder Einsicht noch Reue.

„Was sollte überhaupt diese ganze Maskerade auf dem Speicher?“, schaltete ich mich in das Verhör ein.

„Weitzel musste mal wieder bestraft werden“, entgegnete er lapidar.

„Bestraft werden?“, wiederholte ich ungläubig. „Was soll denn dieser Unsinn bedeuten? Wofür musste er bestraft werden?“

Otter grinste geringschätzig. „Die anderen sind groß darin, Worte zu machen, zu schreien, Befehle zu erteilen und mit Strafen zu drohen, aber sie handeln nicht. Die Herren Offiziere schwingen ständig Reden über Gehorsam, Pflichterfüllung und Kameradschaft, aber was tun sie dafür? Nichts!

Der Weitzel und der Thon haben durch ihre Art unsere Gemeinschaft und Kameradschaft zersetzt. Das kann nicht geduldet werden. Wer das nicht kapieren will, dem muss man es halt beibringen.“

Für einen Moment fehlten mir die Worte angesichts solchen Schwachsinns.

„Gibt es noch weitere Hintermänner, die an der ganzen Sache beteiligt sind?“, fragte ich dann Otter.

Eine feine Blässe überzog das Gesicht meines Gegenübers, während er sich in Schweigen hüllte.

„Hat Ihnen jemand den Auftrag gegeben, Daniel Weitzel und Frank Thon zu peinigen?“

„Nein“, wehrte Otter vehement ab. „Wir haben auf eigene Faust gehandelt. Das Verhalten der beiden war doch Grund genug. Sie wollten sich nicht einfügen, also mussten sie bestraft werden.“

Heimfahrt

Während der Oberst unermüdlich die Verhöre fortsetzte und die Nacht immer weiter voranschritt, überwältigte mich die Müdigkeit. Ich sehnte mich nach Schlaf und das umso mehr, als die anderen Verhöre bisher nicht viel Neues ergeben hatten. Alle Mitglieder der Bande leugneten beharrlich, etwas mit Daniels Tod zu tun zu haben. Zwei der Soldaten waren am fraglichen Abend mit einigen Kameraden in der hiesigen Kneipe einen trinken gegangen, während der dritte den Abend im Bordell verbracht hatte. Auch stritten alle ab, mit dem Einbruch im Büro des Spießes etwas zu tun zu haben.

Nun ja, mochte der Oberst die Verhöre vorerst auf seine Art alleine weiterführen; ich hatte in meiner Jackentasche noch einen Trumpf, von dem keiner der anderen etwas ahnte. Vielleicht würde der Inhalt der CD endlich Licht in das Dunkel bringen und die Täter überführen.

Ich war bereits im Begriff aufzubrechen, als ich im Vorraum Frank Weitzel begegnete.

„Könnten Sie mich nach Mainz mitnehmen?“, fast schien es, als hätte er auf mich gewartet. „Ich habe meine Aussage zu Protokoll gegeben und will nur noch ins Bett, und ich habe nicht die geringste Lust, heute in der Kaserne zu schlafen. Der Oberst hat mir frei gegeben.“

„Natürlich“, erwiderte ich, „kommen Sie!“

Schweigend saßen wir nebeneinander im Auto und hingen müde und erschöpft unseren eigenen Gedanken nach, als Frank Weitzel plötzlich zu erzählen begann.

„Vor drei Wochen fing es an, als Daniel von seinem Vertretungsposten in der Verwaltung zurückkehrte. Mit Gasmasken vor dem Gesicht lauerten sie Daniel und mir auf dem Speicher auf, wo sie uns überwältigten und knebelten.

Dann prügelten sie mich mit nassen Handtüchern und drückten ihre Zigaretten auf mir aus. Es war die Hölle.

Daniel jedoch spielten sie noch übler mit, denn sie schlugen ihn zusammen, bis er halb bewusstlos war. Aber anstatt zum Arzt zu gehen, um seine Verletzungen behandeln zu lassen, verlor er kein Wort darüber.

Als ich ihn fragte, warum er den Vorfall nicht melden wollte, sagte er mir, dass er die Sache auf seine Weise klären würde, ich müsste mir keine Sorgen machen, es würde keine Probleme mehr geben, es wäre alles in Ordnung." Er senkte den Blick zu Boden, seine Lippen zitterten. „Jetzt ist er tot."

„Aber warum haben Sie denn keine Meldung gemacht?"

„Ich hatte Daniel versprechen müssen, Stillschweigen zu bewahren."

„Aber nach seinem Tod? Warum haben Sie dann immer noch geschwiegen?"

„Ich hatte Angst, schreckliche Angst, denn am Tag nach Daniels Tod fielen sie wieder über mich her.

Diesmal taten sie mir nichts, doch sie drohten mir. Wenn ich auch nur ein Sterbenswörtchen über das verlieren würde, was auf dem Speicher geschehen war, dann ..."

Betrug

Nachdem ich Frank Weitzel abgesetzt hatte und nach Hause zurückgekehrt war, musste ich trotz meiner Müdigkeit bald feststellen, dass an Schlaf nicht zu denken war, denn ich wollte unbedingt wissen, was sich auf der CD befand.

Als jedoch deren Inhalt auf dem Monitor erschien, war meine Enttäuschung groß. Endlose Zahlenkombinationen, gepaart mit unverständlichen Buchstabenfolgen reihten sich aneinander. Schnell begriff ich, dass ich die Daten allein nicht würde entschlüsseln können. Wie auch immer ich es drehte und wendete: Mir blieb nichts übrig, als Ernst Thon einzuweihen und um Hilfe zu bitten.

Als ich diesen am nächsten Morgen aufsuchte, wirkte er voller Tatendrang und Energie, trotz der langen Nacht der Verhöre, die er hinter sich hatte.

„Die Burschen sind wirklich hartnäckig“, konstatierte er gut gelaunt, „aber ich werde sie schon noch zum Reden kriegen. Verlassen Sie sich drauf!“

„Sind Sie denn völlig sicher, dass wir die Richtigen erwischt haben?“, versuchte ich vorsichtig seine Euphorie zu bremsen.

„Aber natürlich! Alles spricht dafür. Der Fall ist abgeschlossen. Und ich muss sagen, Sie haben tatsächlich gute Arbeit geleistet. Sylvia und Sie hatten Recht. Auch wenn sich das Ganze jetzt mehr als die wahnsinnige Tat einiger Wirrköpfe herausstellt und weniger als ein geplanter Mord.“

„Gerade da wäre ich mir nicht so sicher.“

Thon sah mich fragend an. „Ich bitte Sie, was soll dieses Getue? Wenn Sie etwas wissen, dann sagen Sie es mir.“

Kommentarlos zog ich die CD aus meiner Jackentasche.

„Was ist damit?“ Fragend blickte Thon mich an.

„Es könnte sein, dass hinter dem Ganzen doch mehr steckt, als wir bisher vermutet haben. Diese CD fand ich gestern auf dem Speicher. Ich vermute, dass Daniel sie dort versteckt hat."

Ich hatte erwartet, dass Thon mich fragen würde, warum ich ihn nicht eher von der Existenz dieser CD unterrichtet hatte, doch zu meiner Überraschung zeigte er sich augenblicklich an meinem Fund interessiert, ohne weitere Erklärungen zu fordern oder abzuwarten.

„Dann lassen Sie uns das am besten sofort überprüfen." Er streckte die Hand aus, und ich reichte ihm die CD, die er sofort in das Laufwerk seines PC`s einlegte. Wieder erschienen die endlosen Zahlenkolonnen.

Fasziniert starrte Ernst Thon den Bildschirm an. „Erstaunlich", meinte er dann. „Ich muss das erst noch prüfen lassen. Doch das sieht aus wie die komplette Bedarfserstellung einer Kompanie. Hier", er wies auf diverse Zahlen- und Buchstabenkombinationen, „das hier sind Bezeichnungen für unsere Gewehre und Pistolen. Oder hier, die Abkürzungen für die von uns getragenen Unterhosen und Strümpfe. Seltsam! Was wollte Daniel wohl mit diesen Daten?"

Er griff zum Telefon. „Ich brauche den Fähnrich Drager bei mir. Ja, sofort! Er soll sich beeilen."

„Und das ist alles, was Sie in Daniels Versteck gefunden haben?", fragte er mich. Ich nickte.

„Warum nur", überlegte Thon laut, „hat Daniel diese Daten zusammengestellt und in seinem Versteck aufbewahrt?". In diesem Augenblick klopfte es an der Tür.

„Herein", rief der Oberst. Durch die Tür trat ein Offiziersanwärter, der so breit wie hoch war.

„Sie brauchen mich?", meldete sich Fähnrich Drager zur Stelle. Der Oberst stand auf und wies auf den Bildschirm.

„Drager, schauen Sie sich das mal an und sagen Sie mir, was Sie davon halten."

„Gerne." Der Fähnrich wuchtete sein enormes Körpergewicht in den Bürostuhl des Obersts, der unter der Belastung gefährlich ächzte, und zog sich so weit wie möglich an den Tisch heran. Thon und ich blickten ihm neugierig über die Schultern. Kaum hatte der Fähnrich sich in Position gesetzt, da begannen seine fleischigen Finger wieselflink über die Tasten zu huschen. Er verschob, öffnete, schloss und veränderte. Plötzlich jedoch hielt er inne und musterte den Bildschirm genauer.

„Das ist eine Statistik", meinte er, „genauer gesagt, sind es zwei Statistiken. Das ist seltsam; ich werde noch nicht ganz schlau draus, wie derjenige, der die Dateien erstellt hat, den Abgleich vorgenommen hat."

Er lehnte sich zurück und wies auf den Bildschirm. „Sehen Sie, es handelt sich um Bestandslisten und um die Bestellungen von Kleidung und sonstigen Ausrüstungsgegenständen. Und hier", sein Finger fuhr über eine der dargestellten Tabellen, „dreht es sich um Waffen und Munition."

„Wie ich es sagte", warf Thon ein.

„Aber warum sich das Ganze hier in zweifacher Ausfertigung findet, ist mir schleierhaft", fuhr Fähnrich Drager fort. „Zudem ist eine Verschlüsselung eingebaut, die den Zugriff auf bestimmte Kennzahlen erschwert. Lassen Sie mir etwas Zeit, dann kann ich Ihnen vielleicht sagen, was das Ganze zu bedeuten hat."

„Natürlich", erwiderte der Oberst, „Sie haben soviel Zeit, wie Sie brauchen, Drager. Hauptsache, Sie finden heraus, welche Bedeutung diese CD hat."

Erneut machte sich der Fähnrich an die Arbeit, diesmal jedoch bedächtiger. „Hmmh", murmelte er, „aufwendig geschützt, aber ich denke, ich kann es trotzdem knacken."

Der Oberst wandte sich zu mir. „Lassen wir Drager in Ruhe seine Arbeit machen und trinken so lang einen Kaffee." Wir nahmen an seinem Schreibtisch Platz.

„Ich muss noch mal sagen, Sie haben mich wirklich überrascht“, wohlwollend blickte Thon mich an, während er an seiner Tasse nippte. „Sie haben mehr ans Tageslicht befördert, als ich jemals für möglich gehalten hätte.“

„Danke“, erwiderte ich.

„Bin ja mal gespannt, was die Geschichte mit der Daten-CD zu bedeuten hat. Trotzdem denke ich nach wie vor, dass wir mit Otter und seinen Leuten wahrscheinlich die Richtigen haben.“

Ich zuckte die Schultern. „Wir werden sehen.“

„Es ist nur so ein Gefühl“, meinte er, „aber wie ich vorhin schon sagte: Ich glaube, dass Daniels Tod eher mit Wahnsinn, denn mit Planung und Vorsatz zu tun hat.“

In diesem Augenblick erfolgte ein letzter Klick und der Fähnrich lehnte sich zurück.

„Stammt das hier aus unserer Kaserne?“, fragte er ungläubig. Der Oberst wandte sich ihm erwartungsvoll zu.

„Mit großer Sicherheit“, erwiderte er. „Warum?“

Drager wiegte bedenklich den Kopf. „Ich brauche noch mehr Zeit, bevor ich genaueres sagen kann, aber...“ Er zögerte. „Ich glaube, da ist ein Riesending am Laufen, und das, so sieht es zumindest aus, schon seit etwa zehn Jahren, wahrscheinlich sogar noch länger, da einige Verweise bis in die Achtziger zurückreichen. Auf der CD sind hunderte von Anforderungsplänen für alle möglichen Ausrüstungsgegenstände, die allesamt gefälscht sind, ein einziger Riesenschwindel. Stets wurde mehr angefordert, als dem tatsächlichen Bedarf entsprach. Irgendjemand hat in großem Umfang Material beiseite geschafft, Waffen, Munition und vieles andere mehr.“

„Das kann doch nicht ...“, das Gesicht des Obersts rötete sich. „Von welchen Summen reden wir? Wenn Sie sagen, das Ganze geht wahrscheinlich schon seit Jahren so, würde das ja heißen, dass...“

Der Fähnrich nickte. „In der Tat. Ich glaube, dass es bei der Sache um richtig viel Geld geht. Ich hab das noch nicht exakt durchgerechnet, dazu fehlen mir noch einige Daten. Aber ich würde wetten, wir kommen hier sicher in den Bereich von einer Million Euro und mehr, die der Bundeswehr an Schaden entstanden sind."

Der Oberst stöhnte auf. „Und das in meiner Kaserne! Ein Desaster, ausgerechnet jetzt. Gibt es denn Hinweise, wer hinter diesem Betrug steckt?"

Fähnrich Drager schüttelte den Kopf. „So weit ich es übersehe, nicht den Geringsten."

„Aber wer ist denn für die Bestellung von Kleidern und Waffen verantwortlich? Wer macht die Abrechnung?", warf ich ein.

„Letztendlich natürlich der Leiter der Kompanie, also Hauptmann Täubner", entgegnete Thon, „aber das heißt nicht, dass er hinter dem Betrug stecken muss. Denn schließlich bin in letzter Instanz auch ich für die Bedarfsdeckung des Bataillons verantwortlich, aber ich kümmere mich natürlich nicht um alle Einzelheiten. Das eigentliche Rechnungswesen erledigt normalerweise der Spieß, doch es ist natürlich möglich, dass auch er den Betrug, wenn er nur geschickt genug getarnt war, übersehen hat. Schließlich ist Fähnrich Pfannenstiel mit der Ausführung der Computerarbeit beauftragt, und so wie es aussieht, ist der ganze Betrug ja auf diesem Weg abgewickelt worden." Thon runzelte die Stirn. „Es gibt also durchaus mehrere Verdächtige, die in Frage kommen. Wie also können wir den Täter entlarven?"

Auf einmal erhellte sich seine Miene. Er wandte sich mir zu. „Mir ist gerade eine Idee gekommen."

Mir schwante nichts Gutes.

„Dabei brauche ich Sie. Es könnte allerdings ein bisschen gefährlich werden, denn sie werden den Lockvogel spielen, auf den der Täter hoffentlich hereinfallen wird."

„Nein!", erwiderte ich.

„Hören Sie mir doch erst einmal zu! Wir setzen alle Offiziere darüber in Kenntnis, dass wir die CD gefunden haben und im Begriff sind, ihren Inhalt zu entschlüsseln. Das wird den Täter zum Handeln zwingen. Er wird alles versuchen, um diese CD in seinen Besitz zu bringen. Und damit kommen Sie ins Spiel. Sie werden die CD verwahren, also wird der Täter sie Ihnen entwenden müssen, und dabei überraschen wir ihn auf frischer Tat."

Ich seufzte. Aufmunternd klopfte Thon mir auf die Schulter.

„Nur keine Bange; es wird schon klappen."

Farce

Kaum konnte ich meiner Aufregung vor den versammelten Offizieren der Kompanie Herr werden, dabei brauchte ich gerade jetzt einen klaren Kopf, doch ich konnte den Gedanken nicht verdrängen, dass sich unter den Anwesenden womöglich ein eiskalter Mörder befand.

In diesem Augenblick ergriff der Oberst zum Glück das Wort und kam ohne Umschweife zur Sache.

„Ich habe sie alle hier zusammengerufen, da wir dringend ihre Mithilfe benötigen. Sie alle sind über die Vorgänge der gestrigen Nacht im Bilde, die zur Verhaftung von Stabsunteroffizier Otter und seiner Gruppe geführt haben. Doch es hat den Anschein, als ob hinter dieser Sache noch mehr steckt, als wir zuerst vermutet haben. Wir konnten auf dem Speicher eine CD sicherstellen, die eine Fülle von gefälschten Aufstellungen über den Ausrüstungsstand dieser Kompanie enthält. Wir glauben, dass der Gefreite Daniel Thon sie dort versteckt hat.

Noch sind wir uns über das Ausmaß und den Hintergrund der Vorgänge nicht ganz im Klaren, da die Daten nicht vollständig sind, in jedem Fall aber wirft dieser Fund ein ganz neues Licht auf die jüngsten Vorkommnisse in der Kaserne, angefangen vom seltsamen Treiben des Stabsunteroffiziers Otter über den Einbruch im Büro des Hauptfeldwebels Täubner bis hin zum Tod des Gefreiten Daniel Thon.“

Aufgeregtes Gemurmel antwortete dem Oberst.

„Inwiefern?“, fragte der stellvertretende Leiter der Kompanie, Oberleutnant Biel.

„Wenn es sich bestätigt, dass es sich hierbei tatsächlich um einen groß angelegten Betrug handelt, dann ist nicht auszuschließen, dass der oder die Täter auch in einige der anderen Vorkommnisse verwickelt sind."

Der Spieß räusperte sich. „Wenn ich recht verstehe, dann müssen wir davon ausgehen, dass wir alle mehr oder minder unter Verdacht stehen, solange die Sache nicht geklärt ist?"

„Im Grunde genommen, ja", erwiderte der Oberst kurz und bündig.

Betretenes Schweigen herrschte.

„Umso mehr brauche ich ihre Mithilfe", fügte der Oberst hinzu. „Wir benötigen genaue Listen über die tatsächlich verwendeten Ausrüstungen, das heißt vor allem die Waffen und Kleidungsstücke der jeweiligen Abteilungen, um einen exakten Abgleich mit den gefälschten Angaben vornehmen zu können. Bis sie alle ihre Daten erstellt haben, bleibt die aufgefundene CD im Gewahrsam von Leutnant Lutz, der sie zusammen mit ihren Aufstellungen im Lauf des morgigen Tages einem Spezialisten aushändigen wird. Vielleicht gelingt es uns dann endlich Licht in das Dunkel zu bringen und die rätselhaften Vorgänge der letzten Zeit lückenlos aufzuklären."

Die Betroffenheit war nur allzu deutlich von den Gesichtern der Offiziere abzulesen.

„Das bedeutet einen ganz schönen Aufwand", wagte Fähnrich Pfannenstiel anzumerken.

„Bitte machen Sie sich sofort an die Arbeit", überging der Oberst seinen Einwand. „Es ist auch in ihrem Sinne, wenn wir die Sache so schnell wie möglich abschließen. Wir benötigen die vollständige Aufstellung bis spätestens morgen früh. Sie können jetzt wegtreten."

Nachtgedanken

Eisiger Wind pfiff über die Straßen und Plätze der Kaserne. Einen Moment starrte ich noch in die von den Lampen fahlgelb durchbrochene Dämmerung hinaus, dann schloss ich das Fenster. In mir herrschte eine seltsame Form von Leere. Ich fühlte mich müde, sehr müde. Gerade überlegte ich, ob ich diesem Impuls nachgeben und zu Bett gehen sollte, da klopfte es an der Tür. Sofort war ich hellwach.

„Herein!“, rief ich. In der Tür erschien Hauptmann Täubner.

„Entschuldigen Sie, dass ich so spät noch störe“, begann er höflich und korrekt wie immer, „aber ich hätte Sie sicher nicht belästigt, wenn ich nicht überzeugt wäre, dass es wichtig ist.“

„Nehmen Sie doch Platz“, lud ich ihn ein und wies auf das Bett.

„Danke“, entgegnete er, „ich stehe lieber.“

„Wie Sie wollen.“ Ich warf ihm einen fragenden Blick zu. „Was führt Sie denn hierher?“

Er räusperte sich. „Ich habe den Abend im Lagerraum verbracht, um an der Liste zu arbeiten, die der Oberst und Sie angefordert haben. Gerade eben bin ich damit fertig geworden und wollte den Schlüssel zum Lagerraum in den Kasten, in dem sämtliche Schlüssel des Gebäudes verwahrt werden und zu dem nur die Offiziere und einige wenige Unteroffiziere Zugang haben, zurückhängen. Dabei fiel mir etwas Ungewöhnliches auf, eine Kleinigkeit nur, aber vielleicht...“

Ich fühlte, wie meine Haut vor Spannung zu kribbeln begann.

„Und?“, fragte ich, „was ist es?“

„Vielleicht ist es am besten, wenn ich es Ihnen zeige.

Dann können Sie am ehesten beurteilen, ob es von Bedeutung ist. Es handelt sich um eine Unregelmäßigkeit in der Anordnung der Schlüssel."

Ich richtete mich auf. „Dann lassen Sie uns gehen."

Höflich ließ er mir den Vortritt. Erwartungsgemäß waren die Gänge des Kompaniegebäudes leer. Rasch hatten wir das Parterre erreicht und betraten das ehemalige Wachzimmer der Unteroffiziere vom Dienst. Der Hauptmann näherte sich zielstrebig dem Schlüsselbord. Ich folgte, höchst gespannt auf das, was er mir präsentieren würde.

„Sehen Sie!", sagte er und wies auf das Glas des abgeschlossenen Schlüsselkastens. Ich begriff noch nicht, was er mir zeigen wollte.

„Da", präzisierte er, „dort hängen zwei Schlüssel übereinander und ein Haken ist frei."

„Jemand wird in aller Eile zwei Schlüssel auf einmal versehentlich deponiert haben."

„Das vermutete ich auch und ich maß dieser Tatsache zuerst keine Bedeutung bei. Aber betrachten Sie sich die Schlüssel genau. Der eine Bund gehört zum Zimmer des Hauptfeldwebels, aus dem die Festplatte und die CD`s entwendet wurden, während der andere zu den Wagenhallen passt."

„Ja, und?", fragte ich. „Jedem könnte dieses Missgeschick in der Eile passiert sein."

„Das ist wahr, aber den Schlüssel zu den Wagenhallen führt normalerweise nur eine Person mit sich, der Verantwortliche für den Fuhrpark."

„Und das ist ...?"

„Stabsunteroffizier Otter."

„Ich verstehe nicht ganz, worauf Sie hinauswollen!"

„Es könnte doch sein, dass er gestern Abend noch einmal, vor seinem Besuch auf dem Speicher, im Zimmer des Spießes war, dort etwas gesucht hat, womöglich die bewusste CD, und dann in seiner Aufregung versehentlich beide Schlüssel an einen Haken gehängt hat."

In diesem Augenblick tat es über uns einen gewaltigen Schlag, so dass wir beide zusammenzuckten. Es folgte ein lautes Poltern und Geschrei.

„Was ist denn da los?" Der Hauptmann erbleichte und trat auf den Flur hinaus.

„Kommen Sie", rief ich, „schnell!"

Gemeinsam stürzten wir, zwei Stufen auf einmal nehmend, die Treppe empor, hinauf in den zweiten Stock. Auf dem Gang vor meinem Zimmer herrschte ein Riesenauflauf, durch den wir uns mühsam hindurchzwängten. Der Raum selbst war ein einziges Tohuwabohu. Alles war durcheinander geworfen, und während vier Mann den muskulösen Spieß festhielten, der wie ein Bierkutscher fluchte, legte ein fünfter ihm Handschellen an.

Oberst Thon, der die ganze Aktion überwachte, wandte sich mir mit zufriedenem Lächeln zu.

„Mein Plan ist aufgegangen. Kurz nachdem Sie das Zimmer verlassen haben, ist Treber hier aufgetaucht, zum Glück ohne uns zu bemerken. Wir haben ihn auf frischer Tat ertappt. Er wollte gerade die CD entwenden, als wir ihn verhafteten."

„Was ...?", stotterte Hauptmann Täubner. Der Hauptfeldwebel blickte auf.

„Die haben uns reingelegt, und wir Hornochsen sind denen auf den Leim gegangen. Verdammt, das war eine Falle!"

„Ich, ..., ich weiß nicht", stotterte Täubner.

„Oh doch, du weißt sehr gut!", unterbrach ihn der Spieß, „es ist zu spät für Spielchen."

Motiv

„Sie hatten nicht mit Daniel Thons Fähigkeiten am Computer und mit seinem ausgeprägten Sinn für Details gerechnet. Während seiner Zeit als Ersatzmann sind ihm winzige Unregelmäßigkeiten aufgefallen, die jeder andere ignoriert hätte, aber er ist ihnen nachgegangen und hat peu a peu das ganze Ausmaß des Schwindels aufgedeckt."

Schicksalsergeben nickte Treber, während Hauptmann Täuber ohne Regung die Fragen über sich ergehen ließ, die Thon und ich den beiden stellten.

„Genauso war es", erwiderte der Spieß, „wer hatte schon ahnen können, dass die Krankheit von Fähnrich Pfannenstiel in eine solche Katastrophe münden würde. Aber leider hatte Daniel Thon Züge eines Fanatikers. Er wollte immer alles perfekt machen, und dabei stieß er auf unseren Betrug."

„Und deswegen mussten Sie ihn beseitigen", schlussfolgerte ich.

„Nein!"

„Aber es ging doch um viel Geld. Ihre ganze Existenz stand auf dem Spiel."

„Das stimmt, aber wir haben dennoch nichts mit seinem Tod zu tun. Wir sind Betrüger, aber keine Mörder!"

„Hat Daniel Sie denn mit seinem Wissen erpresst?"

Treber nickte. „Er wollte Geld von uns, viel Geld."

„Aber das passt doch gar nicht zu Daniel Thon, den mir alle als ein Muster an Korrektheit und Rechtschaffenheit beschrieben haben."

„Ich kann nur sagen, wie es war. Er hat uns erpresst."

„Und Sie behaupten, Sie hätten ihn nicht aus dem Weg geräumt, obwohl Sie ein eindeutiges Motiv haben. Wollen Sie mir etwa sagen, dass Sie bereit waren zu zahlen?"

„Ich wollte nicht zahlen. Ich dachte, es würde reichen, ihn einzuschüchtern, ihm Angst einzujagen."

„Wie das?"

„Nun ja, die fragwürdigen Ansichten des Stabsunteroffiziers Otter waren mir seit längerem bekannt und kamen mir gerade recht. Ich setzte ihn und seine Truppe auf Thon an, selbstverständlich ohne sie in die Hintergründe einzuweihen. Sie sollten ihn einschüchtern und zur Herausgabe der verhängnisvollen CD bewegen. Otter spielte nur zu bereitwillig mit. Doch die Drohung und die Schläge nützten nichts. Thon ließ sich nicht einschüchtern und drohte nun seinerseits, die Sache doch öffentlich zu machen."

„Wo waren Sie Freitag Nacht?", übernahm der Oberst wieder das Ruder.

„Hier in der Kaserne, ebenso wie Hauptmann Täubner. Wir brüteten über einer Lösung unseres Problems, doch wir fanden keine."

„Und dann hatte sich das Problem von selbst gelöst", warf ich ein.

Treber zuckte die Schultern.

„Waren Sie auch für den Einbruch bei Sylvia Thon verantwortlich?"

„Das war Otter. Ich erzählte ihm, dass Daniel geheime Daten entwendet und wahrscheinlich in seiner Wohnung versteckt hätte. Er schluckte die Geschichte anstandslos, ohne nachzufragen."

„Und der Einbruch in Ihrem Büro", fragte der Oberst, „wer hat den begangen?"

„Das waren ich und Otter. Und bevor Sie mich fragen", wandte er sich an mich, „Ihre Beule haben sie Otter zu verdanken. Er ist ein wenig vorschnell in seinen Handlungen." Der Oberst blickte mich fragend an.

„Das ist eine längere Geschichte", erwiderte ich, „vielleicht später."

„Ich glaube, ich brauche jetzt einen Kaffee“, meinte Ernst Thon. „Kommen Sie“, wandte er sich an mich, „wir machen eine kurze Pause.“

Wir ließen Treber und Täubner in ihrer Zelle zurück und setzten uns in den Vorraum, während Thon einem Wachsoldaten befahl, Kaffee für uns zwei zu besorgen.

„Ich denke“, meinte er dann zu mir gewandt, „wir haben jetzt endlich die wahren Täter gefunden. Auch wenn sie leugnen. Das Motiv ist zu stark, als dass ein Zweifel bestehen könnte.“

„Das glaube ich auch“, erwiderte ich, „aber Treber ist ein zäher Hund. Der wird so schnell nichts zugeben.“

„Das lassen Sie mal meine Sorge sein.“

Erinnerungsstücke

Die Sonne strahlte blau vom kalten Winterhimmel, während ich mich auf dem Weg zu Sylvia befand. Endlich würde ich sie wiedersehen; natürlich in erster Linie, um ihr Bericht zu erstatten. Doch zugleich erfüllte mich der Gedanke an ihren Duft, an ihre Stimme, ihre Augen …, an einfach alles an ihr mit einem kribbelnden Gefühl von Vorfreude.

Als ich vor Sylvias Wohnung parkte und an ihrer Tür klingelte, summte ich „La vie en rose“ vor mich hin. Fast fühlte ich mich ein wenig berauscht. In diesem Augenblick öffnete sie die Tür, schöner denn je, mit ihren langen, offenen Haaren.

„Komm rein!“, die Anspannung war ihr deutlich anzumerken, während sie mir ins Wohnzimmer vorausging.

„Setz dich doch“, meinte sie ohne lange Umschweife, „ich habe es vor Spannung kaum noch ausgehalten, nach deinem Anruf vorhin. Also, was hast du herausgefunden?“

Als habe sie damit ein Ventil geöffnet, sprudelte die letzte Woche einfach so aus mir heraus, mit wilden Sprüngen und Einschüben. Immer wieder musste Sylvia nachfragen, um dem Faden der Geschehnisse noch einigermaßen folgen zu können. Das Erstaunen stand ihr ins Gesicht geschrieben, als ich die Verdächtigen präsentierte, ebenso wie ihre Sorge, als ich ihr erzählte, wie ich niedergeschlagen worden war. Schließlich aber endete ich mit der Verhaftung und der Vernehmung des Hauptmanns und des Spießes.

„Und du glaubst, dass diese beiden für Daniels Tod verantwortlich sind?“

Ich nickte. „Sie hatten ein Motiv und die Möglichkeit, die Tat auszuführen. Und sie hatten Daniel bereits zuvor misshandeln lassen.“ Ich überlegte kurz. „Und in Daniels Kiste fand sich nur die CD mit den gefälschten Daten, die eindeutig dafür spricht, dass Täubner und Treber die Täter sind."

„In was für einer Kiste?"

„Na, in der, die ich auf dem Speicher entdeckt habe."

„Davon hast du vorhin aber nichts erwähnt. Du sprachst nur von der CD, die du gefunden hast."

„Das kann sein. Na, jedenfalls befand sich die CD in einer kleinen Holzkiste."

„Wie sieht diese Kiste aus?"

Ich verstand nicht, warum die Erwähnung der Kiste Sylvia plötzlich so in Aufregung versetzte.

„Sie ist ungefähr so groß", ich deutete ihre Maße an, „dunkel gebeizt und hat an den Ecken kleine Blechbeschläge."

„Wo ist diese Kiste jetzt?", fragte Sylvia mich drängend.

„Bei mir zuhause."

„Dann lass uns zu dir fahren. Am besten gleich!"

Fragend starrte ich sie an.

„Ich habe da so einen Verdacht. Wenn ich Recht habe, dann birgt diese Kiste noch ein Geheimnis."

Doppelter Boden

Als ich die Tür öffnete, war Sylvias Ungeduld mehr als deutlich zu spüren.

„Komm rein!"

Schon trat sie ins Wohnzimmer und sah sich um.

„Wo hast du die Zigarrenschachtel?", fragte sie ohne Umschweife.

„Hier", ich langte in das oberste Fach der Regalwand und zog Daniels Schatzkästchen hervor. Sylvia starrte die Zigarrenschachtel mit einem triumphierenden Lächeln an.

„Ich wusste es", sagte sie dann. „In dem ganzen Trubel habe ich vergessen, dich danach zu fragen. Ich erkenne diese Schachtel wieder. Vor langer Zeit hat sie einmal mir gehört, bis ich sie schließlich Daniel geschenkt habe."

Sie trat langsam auf den Tisch zu, öffnete die Schachtel, drehte sie um, fingerte am Holz, und plötzlich, mit einem Schnappen, klappte der Boden der Schachtel auf und ein Bogen Papier fiel heraus.

„Mein altes Versteck", sagte sie, „darin hab ich meine wichtigsten Sachen untergebracht. Daniel kannte es von mir und hat es übernommen."

Brief

Geliebter Daniel,

hiermit schicke ich dir endlich den Brief, um den du mich so lange gebeten hast. Ich habe jetzt begriffen, wie wichtig er dir ist, und daher tut es mir leid, dass du so lange auf ihn warten musstest.

Aber ich vertraue fest darauf, dass du ohnehin weißt, dass du alles für mich bedeutest. Mit dir hat für mich ein neues Leben begonnen. Mein anderes Leben, das nur aus Verstellung und Heuchelei bestand, habe ich schon zum größten Teil hinter mir gelassen, und ich werde auch noch den Rest zurücklassen. Doch ich bitte dich darum, mir noch ein wenig Zeit zu geben.

Ich bin nicht mehr so jung wie du, und selbst wenn deine Jugend mich begeistert und mitreißt, kann ich dennoch nicht von heute auf morgen alles hinter mir lassen und aufgeben. Ich habe einen Beruf, den ich liebe, und ja, ich habe eine Frau. Auch wenn sie nie mehr als einen faden Kompromiss, ein Zugeständnis an die Gesellschaft bedeutete, so habe ich doch meiner Frau gegenüber eine gewisse Verpflichtung.

Wer könnte das besser verstehen als du, denn auch du hast deine Verpflichtungen. In deinem Alter träumt man vielleicht noch davon, alles zurückzulassen, irgendwo anders ganz neu anzufangen, irgendwo, wo einen niemand kennt, wo man ein unbeschriebenes Blatt ist. Aber einen solchen Ort gibt es nicht.

Ich kann dich nur bitten mir zu vertrauen. Wenn du bei mir bist, wenn ich deinen Körper fühle, in deine Augen sehe, dann will ich dir auf der Stelle alles versprechen, denn dann vergesse ich alles um mich herum.

Was aber würde geschehen, wenn wir von einem Moment auf den anderen alles hinter uns zurücklassen und heute noch aufbrechen würden? Was ist, wenn du mich eines Tages nicht mehr liebst?

Du sagst, das wird niemals geschehen, du wirst niemals aufhören mich zu lieben, aber woher kannst du das wissen? Du bist jung, du glaubst solche Dinge versprechen und einhalten zu können.

Doch nichts geschieht von heute auf morgen, alles bereitet sich vor, muss vorbereitet werden. Glaub mir, ich will dich nicht hinhalten, doch es ist für uns beide das Beste, wenn wir nichts überstürzen.

Ich kann dich vor mir sehen, ich kann dich spüren, wie du diesen Brief liest, ungehalten, zornig wirst, weil du glaubst, ich würde unsere Liebe verraten, aber das stimmt nicht. Du bist alles für mich, dein Geist, dein Körper, deine Art zu lachen und zu denken. Ich liebe dich. Mehr kann ich dir nicht sagen und mehr kann ich dir nicht versprechen.

Dein Ernst

P.S.: Ich kann es kaum erwarten, dich am Freitag zu sehen und endlich zu erfahren, was für Neuigkeiten es gibt.

P.P.S.: Du hast mich lange um diesen Brief gebeten, jetzt da du ihn in Händen hältst, vertraue ich darauf, dass du ihn sicher verwahrst, denn er geht nur dich und mich etwas an.

Fragen

Ich war fassungslos. Ernst Thon war mir bisher erschienen wie der perfekte Ehemann, erfolgreich, gut aussehend und seiner Frau ergeben. Aber nicht nur das: Er war in meinen Augen auch überheblich, selbstgerecht, sich seiner Vorzüge allzu sehr bewusst. Ich hielt ihn für einen Egoisten.

Der Brief aber war einfühlsam, flehend, beinahe unterwürfig. Drückte sich in diesen Worten der wirkliche Ernst Thon aus, oder stellte dieser Brief eine einzige große Lüge dar, den Versuch, Daniel zu besänftigen, hinzuhalten, mit Versprechen zu trösten, die niemals eingelöst werden würden?

„So kann er nicht davon kommen“, meinte Sylvia plötzlich. Ihre Miene war versteinert; einzig die Augen funkelten vor Wut.

Verständnislos blickte ich sie an.

„So darf er nicht davon kommen!“

„Was soll das heißen?“

„Liegt das nicht auf der Hand? Ernst hatte genauso gut ein Motiv, Daniel zu töten, wie die Betrüger. Vielleicht sogar noch ein Besseres.“

Ich verstand nicht, worauf sie hinauswollte.

„Ich kenne Ernst; in Wirklichkeit liebt er nur sich selbst, und seine Beförderung geht ihm über alles. Daniel aber wollte, dass Ernst sich offen zu ihm bekannte, also stellte er für ihn eine Gefahr dar.“

„Ich weiß nicht“, erwiderte ich zögernd. „Natürlich, möglich ist das. Aber ...“

„Lass mir den Brief!“, forderte sie. „Dann sorge ich dafür, dass er für sein Verbrechen zur Rechenschaft gezogen wird.“

„Tu nichts Unüberlegtes! Wir wissen doch noch gar

nicht, ob er wirklich etwas mit Daniels Tod zu tun hat", mahnte ich.

„Ich will nur den Brief", wiederholte sie.

„Ich mach dir einen Vorschlag. Lass mich zuerst mit ihm reden, gleich morgen früh." Sie warf mir einen langen, nachdenklichen Blick zu.

„Wenn er nichts zu verbergen hat, dann wird er mir offen Rede und Antwort stehen. Vergiss nicht, bis jetzt sind das alles nur Vermutungen. Warte, bis ich mit ihm gesprochen habe."

Sie nickte. „Einverstanden."

Rede und Antwort

Noch vor dem Morgengrauen war ich erwacht und hatte keine Ruhe mehr gefunden. Bei Tagesanbruch war ich bereits auf dem Weg zu Ernst Thon gewesen, doch ich hatte mich geduldet, bis der Morgenappell vorüber war. Nun aber war die Stunde der Wahrheit gekommen.

„Und, gibt es etwas Neues? Hat das Verhör noch etwas zu Tage gebracht?“, fragte ich den Oberst.

Thon schüttelte den Kopf. „Bisher nichts Handfestes. Sie streiten nach wie vor ab, etwas mit Daniels Tod zu tun zu haben. Aber das ist jetzt auch Sache der Polizei. Wir haben unsere Schuldigkeit getan.“ Ich nickte versonnen.

„Was hatten Sie eigentlich um diese Uhrzeit auf dem Speicher zu suchen? Ich meine, ich war auf der Suche nach Daniels Versteck gewesen, aber was wollten Sie dort?“

„Wie bitte?“

„Ich meine den Abend, an dem wir den Stabsunteroffizier Otter und seine Bande überraschten. Seitdem ist viel geschehen, aber im Nachhinein stellt sich mir doch die Frage, was Sie auf den Speicher geführt hat.“

„Ich wusste, dass irgendwas faul war“, antwortete er, „Sie hatten mich bereits davon überzeugt. Ich war mir plötzlich sicher, dass Daniel Opfer eines Verbrechens geworden war, und ich fühlte, dass ich etwas dazu beitragen musste, den Mörder zu finden, mehr als ich es bisher getan hatte. Ich wollte helfen, den Brief zu suchen, von dem sie gesprochen hatten.

Zugegeben, es war mehr als unüberlegt, aber es kam einfach über mich. Die ganze Zeit hatte ich nur als Zuschauer ihre Ermittlungen verfolgt, jetzt wollte und musste ich selbst handeln. Dass wir die Mörder tatsächlich dingfest machen konnten, das war natürlich ein großes Glück.“

Dass es für ihn ein Glück gewesen war, daran zweifelte ich keinen Augenblick. Ich konnte es jedoch nicht fassen, dass er so kaltblütig weiterlog. Sollte Sylvia mit ihrem Verdacht etwa doch Recht haben?

„Außer der CD“, sagte ich, „habe ich dort oben auch einen Brief gefunden, einen Liebesbrief, der an Daniel adressiert war. Und wissen Sie, von wem dieser Brief unterzeichnet war?“

Die Augen des Obersts weiteten sich und er erblasste, doch er schüttelte den Kopf.

„Ich habe nicht die geringste Ahnung, aber Sie werden es mir sicher gleich sagen.“

„Von einem gewissen Ernst. Natürlich, es gibt viele Menschen, die mit Vornamen Ernst heißen, aber ich denke, ein Schriftenvergleich würde uns zweifelsfrei sagen, ob es sich bei diesem Ernst womöglich um Sie handelt.“ Ich versuchte vergebens meine Erregung und Empörung zu zügeln. „Das war doch der wahre Grund, weshalb Sie nachts dort oben herumgeschlichen sind! Sie wollten den Brief an sich nehmen, bevor ich ihn finden konnte!“

Ich schwieg und musterte herausfordernd den Oberst, der ruhig meinem Blick standhielt. Das einzige Anzeichen, das darauf hinwies, dass ich ihn getroffen hatte, war das leichte Zittern seiner Stimme, als er endlich zu sprechen begann.

„Sie haben Recht“, er fuhr sich müde mit der Hand über die Augen. „Ich muss gestehen, dass ich Sie unterschätzt habe. Ich hatte in der Tat nur einen Grund, in dieser Nacht auf dem Speicher zu sein.“ Kurz zögerte er und fuhr dann fort. „Ich fürchtete, Daniel könnte meinen Brief, um den er mich so lange angebettelt hatte, dort oben aufbewahrt haben. Und tatsächlich war es ja auch so.

Wenn ich den Brief vor Ihnen gefunden hätte, dann hätte niemand jemals von Daniel und mir erfahren.“

„Sie waren sein Liebhaber.“ Er nickte.

„Und ich habe ihn aufrichtig von ganzem Herzen geliebt. Deswegen möchte ich auch, dass sein Mörder bestraft wird."

„Sein Mörder", echote ich, „wenn wir nur wüssten, wer sein Mörder ist."

Völlig verblüfft sah er mich an. Als er endlich begriff, verlor er zum ersten Mal die Fassung.

„Was soll das? Treber und Täubner haben ihn auf dem Gewissen. Die Sache ist doch völlig klar. Welchen Beweis brauchen Sie denn noch? Die Sache ist so offensichtlich, dass selbst ein Narr sie aufklären könnte!"

„Wenn Sie meinen", erwiderte ich.

„Natürlich! Es kann keinen Zweifel geben." Für einen Moment herrschte erregtes Schweigen.

„Seit wann waren Daniel und Sie ein Paar?"

„Wieso sollte ich ausgerechnet Ihnen von unserer Beziehung erzählen?"

„Weil Sie demnächst zur Beförderung anstehen. Und weil Ihnen alles daran gelegen sein sollte, mich davon zu überzeugen, dass Sie nichts mit dem Mord an Daniel zu tun haben." Für einen Augenblick schien er aufbrausen zu wollen, doch dann kniff er die Lippen zusammen, sah mich lange an, wog seine Möglichkeiten ab.

„Ich kann mich doch auf Ihre Diskretion verlassen?", fragte er. Ich nickte wortlos.

„Ich will mit offenen Karten spielen", erklärte er. „Daniel war nicht meine erste außereheliche Beziehung."

Seine plötzliche Offenherzigkeit verblüffte mich. „Und ihre Frau?", fragte ich dann.

„Liebe ich ebenfalls", entgegnete er, „nur anders. Wir gehören zusammen und geben uns gegenseitig Halt und Sicherheit. Wir respektieren einander."

„Weiß sie denn von Ihren Seitensprüngen und von Ihrer Beziehung zu Daniel?"

„Wo denken Sie denn hin? Sie hat von all dem keinerlei Ahnung. Es würde sie sehr verletztzen, vielleicht sogar zerstören. Außerdem ist sie sehr eifersüchtig. Ich würde ihr keinesfalls wehtun wollen." Er schien auf seine Rücksichtnahme stolz zu sein.

„Aber Daniel konnten Sie weh tun."

„Wie meinen Sie das?"

„Er war doch offensichtlich der Ansicht, Sie würden sich vor aller Welt zu ihm bekennen, und Ihr Brief sichert ihm das auch indirekt zu, wenn auch für eine ungewisse Zukunft."

Er verzog das Gesicht. „Glauben Sie, ich hätte Karriere gemacht, wenn ich mich als homo- beziehungsweise bisexuell geoutet hätte, wenn auch nur irgendeiner meiner Vorgesetzten davon gewusst hätte?"

„Aber weshalb haben Sie ihn dann überhaupt zur Bundeswehr geholt?"

„Es war seine Idee. Er war es leid, mich nur in irgendwelchen Absteigen zu treffen. Wenn ich allerdings geahnt hätte, was daraus werden würde, hätte ich seinem Wunsch niemals nachgegeben." Ernst Thon wandte sich dem Fenster zu und starrte gedankenverloren nach draußen.

„Anfangs lief alles gut. Es erregte mich, ihn um mich zu wissen. In dieser Zeit trafen wir uns häufiger als zuvor, auch abends, nach dem Dienst.

Bald aber genügten ihm die heimlichen Treffen nicht mehr. Er wollte, dass ich ihm ewige Liebe schwor, dass ich mich zu ihm bekannte. Blind vor Liebe versprach ich ihm alles, was er wollte, schrieb ihm sogar jenen unseligen Brief." Der Oberst wandte sich wieder mir zu, blickte mir um Verständnis heischend in die Augen.

„Natürlich war es ein Fehler. Aber er bat mich solange, drohte mir gar, indem er unsere Beziehung in Frage stellte. Ich ließ mich erweichen." Er unterbrach sich, blickte mich forschend an. „Ich kann doch auf Ihre Diskretion zählen?“, versicherte er sich erneut. Ich schwieg.

„Ich weiß, ich hätte beizeiten einen Schlussstrich ziehen sollen, doch ich ließ das Ganze einfach laufen.“ Wieder pausierte Thon.

„Dann kam jener verhängnisvolle Freitag“, fuhr er schließlich fort. „Er wollte sich mit mir treffen, abends um neun in der Kaserne, in meinem Büro. Er sagte, er müsse noch ein dringendes Telefonat erledigen. Er deutete an, dass es etwas mit uns zu tun hatte, dass er etwas Besonderes vorbereitet hatte. Aber er ist nicht gekommen. Ich war auf alles vorbereitet. Wenn er versucht hätte, mich tatsächlich zu kompromittieren, dann wäre es das Ende gewesen. Aber er kam nicht.“ Ernst Thon sah zu Boden, ließ die letzten Worte verklingen; plötzlich aber hob er den Blick wieder.

„Ich weiß“, flehte er mich beteuernd an, „das muss sich für Sie so anhören, als hätte ich ein starkes Motiv gehabt, ihn zu töten. Aber glauben Sie mir, ich habe mit seinem Tod nichts zu tun. Hätte ich Ihnen sonst erzählt, dass wir verabredet waren, dass er mich nahezu erpressen wollte, mich zu ihm zu bekennen? Hätte ich selbst Ihnen das Motiv geliefert, wenn ich in seinen Tod verwickelt wäre?“

Sein Ton wurde immer eindringlicher, flehentlicher. „Ich vertraue Ihnen. Verstehen Sie. Die Kommission steht kurz vor einer Entscheidung; der einzig wirklich aussichtsreiche Kandidat für die Ernennung zum General bin ich. Es handelt sich nur noch um Tage, dann werde ich endlich da sein, wo ich hingehöre, an der Spitze; darauf habe ich all die Jahre hingearbeitet. Deshalb wollte ich eigentlich auch nicht, dass Sie in die Kaserne kommen. Ich nahm zwar an, dass Sie nichts finden würden, aber ich konnte mir nicht sicher sein.“

„Warum haben Sie es dann zugelassen, dass ich in die Kaserne kam, und haben das Spiel mitgespielt?“

„Meine Frau bestand darauf, sie wollte es unbedingt; ich glaube, Daniels Tod trifft sie schwerer, als ich erwartet hatte. Und um ehrlich zu sein: Sie hat mich ein wenig erpresst. Als ich mich trotz ihrer Bitte so vehement weigerte, Sie in meiner Kaserne herumschnüffeln zu lassen, da schien es mir fast, als schöpfte sie Verdacht.

Sie bestand darauf, dass es meine Pflicht sei, Sylvia zu helfen, vor allem, da ich mir ja nichts hatte zu schulden kommen lassen. Der Unterton ihrer Stimme, als sie dies sagte, machte mich stutzig. Um ihren Verdacht zu zerstreuen, blieb mir nichts anderes übrig, also gab ich nach. Ich verließ mich auf die Hoffnung, dass Sie nichts, aber auch gar nichts zu Tage fördern würden. Außerdem wusste ich ja, Sie würden nach einer Woche wieder weg sein." Er lächelte, ein gewinnendes, offenes Lächeln.

„Aber ich habe mich in Ihnen getäuscht." Ich erwiderte nichts.

„Ich gehe davon aus", fuhr er, unbeirrt von meinem Schweigen, fort, „dass Mitte nächster Woche meine Beförderung feststeht. Die Vorkommnisse in meiner Kaserne fallen natürlich negativ ins Gewicht, aber wir haben sie rechtzeitig genug aufgeklärt, damit die Ernennungskommission nicht durch irgendwelche Gerüchte in ihrer Arbeit behindert wird.

Dazu allerdings darf auf keinen Fall meine Beziehung zu Daniel bekannt werden."

„Sie machen es sich ganz schön einfach."

„Einfach?", empörte er sich. „Meine Frau, meine Vorgesetzten, alle erwarten sie etwas Bestimmtes von mir, für alle muss ich ein bestimmter Mensch sein, ich kann nicht einfach das tun und lassen, was ich will, ich muss mich verstellen, und das tagaus, tagein. Das nennen Sie einfach?"

„Mir kommen gleich die Tränen! Ihnen geht es doch nur um Ihre Beförderung. Sie erzählen mir hier, wie sehr

Sie Daniel geliebt haben. Aber in Wirklichkeit sind Sie ein Heuchler, der nur sich selbst liebt." Ich hatte mich in Rage geredet. „Und, wer weiß, vielleicht sind Sie auch ein Mörder. Wissen Sie, was ich denke? Ich glaube, dass Daniel Ihnen zuletzt mit seinen Vorstellungen und Plänen bezüglich eines gemeinsamen Lebens nicht nur lästig, sondern auch gefährlich geworden war.

Und als Ihnen das klar wurde, beschlossen Sie, ihn zu beseitigen. Sie kannten ihn ja gut genug, um zu wissen, wie Sie vorzugehen hatten. Vielleicht hat er Ihnen an diesem Abend auch ein Ultimatum gestellt, und Sie wussten sich nicht mehr anders zu helfen."

„Das ist doch Quatsch! Ich wäre an Ihrer Stelle vorsichtig mit dem, was Sie sagen. Wir sollten zusammenarbeiten, nicht gegeneinander."

„Dann sagen Sie mir, was am Freitagabend passiert ist! Wo waren Sie? Wo war Daniel?"

„Was soll ...?", wollte der Oberst protestieren, doch schon im nächsten Moment ließ er die dramatisch erhobenen Arme wieder sinken; die Zornesfalten auf seiner Stirn glätteten sich in Sekundenschnelle.

„Also gut, noch einmal zum Mitschreiben", gab er sarkastisch von sich. „Daniel und ich haben uns, wie ich schon sagte, an diesem Abend nicht gesehen. Wir waren verabredet, aber er kam nicht. Dann rief Sylvia mich an, da sie wissen wollte, ob sich Daniel bei mir aufhielt, sie suchte mich sogar auf, aber ich konnte ihr nicht weiterhelfen. Irgendwas war Daniel wohl dazwischen gekommen, also fuhr ich schließlich nach Hause.

Ich habe den Abend dann bei meiner Frau verbracht. Sie kann es bezeugen, denn sie hat ein vorzügliches Gedächtnis. Wahrscheinlich kann sie Ihnen sogar die genaue Uhrzeit sagen, zu der ich nach Hause gekommen bin. Glauben Sie mir doch endlich, ich habe nichts mit Daniels Tod zu tun!"

Eingebung

Auf dem Rückweg von der Kaserne fiel mir ein, dass ich mich - obwohl ich darauf brannte, mit Sylvia über all die Geschehnisse der letzten Woche zu sprechen - zuvor unbedingt für das Wochenende mit Lebensmitteln eindecken musste. Schließlich war meine Zeit bei der Armee vorüber und ich musste mich wieder selbst versorgen.

Als ich den Discounter betrat, hatte ich das Gefühl, neben mir zu stehen. Ich war zurückgekehrt in meine normale Welt und steckte gleichzeitig doch noch woanders fest. Während ich mich für das Wochenende eindeckte, erlebte ich vor meinem geistigen Auge viele von den Geschehnissen der letzten Woche noch einmal.

„Das macht dann 23,95!“ Ein wenig ungeduldig sah mich die Kassiererin an.

Ich erwachte aus meinen Tagträumen, murmelte eine Entschuldigung und kramte angesichts der Schlange hinter mir hektisch in meinem Portemonnaie herum.

„Bitte sehr!“

Während ich meinen Einkaufswagen beiseite fuhr, um die Lebensmittel in Tüten zu verstauen, rief mir plötzlich die ältere Dame, die in der Schlange hinter mir gewartet hatte, zu: „Hallo, Sie haben Ihren Zettel mit der Telefonnummer verloren.“

Einen Augenblick war ich mir nicht sicher, ob sie mich meinte und blickte sie verdutzt an, doch schon hielt sie mir ein kleines Stück Papier hin, das mir offensichtlich beim Kramen aus dem Portemonnaie gefallen war.

„Vielen Dank“, erwiderte ich und streckte die Hand danach aus. In diesem Augenblick erkannte ich den Zettel wieder, den ich an der Fundstelle von Daniels Leiche entdeckt hatte. Für einige Augenblicke stand ich wie erstarrt.

„Ist alles in Ordnung?“, fragte mich die ältere Dame besorgt.

„Ja“, erwiderte ich, „und vielen Dank noch einmal. Sie haben mir wirklich sehr geholfen.“

Verdutzt sah sie mir hinterher, während ich mit den Tüten im Arm hastig den Supermarkt verließ.

Telefonate

Als ich den Telefonhörer zur Hand nahm, klopfte mein Herz wie wild. Da auf dem Zettel die Vorwahl fehlte, ging ich davon aus, dass sie Daniel geläufig gewesen sein musste. Es kamen im Grunde nur die Vorwahlen von Mainz-Kostheim, Mainz und Wiesbaden in Frage. Ich begann mit der 06134 und fügte die Ziffern auf dem Zettel hinzu. In meiner Aufregung hatte ich mir nicht die Zeit genommen, mir eine Erklärung für meinen Anruf zurechtzulegen. Ich würde mich auf meine Spontaneität verlassen müssen.

In diesem Moment erklang eine freundliche Frauenstimme. „Hier ist der Apparat von Thiesen. Wir sind zurzeit nicht zuhause. Sie können eine Nachricht nach dem Piepton hinterlassen."

Einen Augenblick zögerte ich, dann legte ich den Hörer wieder auf, da ich meine Botschaft nicht dem Anrufbeantworter anvertrauen wollte. Stattdessen wählte ich jetzt die 06131 als Vorwahl.

„Siebling", meldete sich schon nach zweimal Klingeln die Stimme einer älteren Frau.

„Mein Name ist Doktor Lutz, ich bin Allgemeinmediziner", erwiderte ich in der Hoffnung, allein schon durch den Umstand, dass ich Arzt war, einen Vertrauensvorschuss gewonnen zu haben.

„Worum geht's denn?"

„Ich rufe wegen Daniel an, Daniel Thon."

„Kenne ich nicht. Geht's da vielleicht um die Wohnung?"

„Ja", erwiderte ich einer Eingebung folgend und spürte, wie meine Wangen zu glühen begannen, „ich rufe wegen der Wohnung an."

„Da kann ich Ihnen nicht weiterhelfen. Darum kümmert

sich mein Mann."

„Dann würde ich gern mit Ihrem Mann sprechen."

„Der ist im Moment nicht da."

„Vielleicht könnte er mich später zurückrufen, oder ich rufe noch einmal an?"

„Das hat keinen Sinn. Er ist mit dem Turnverein kegeln. Da weiß man nie genau, wie lang das dauert."

„Würden Sie ihn dann bitten, mich zurück zu rufen, sobald er wieder da ist? Es ist wichtig!"

Rückruf

Meine Geduld wurde auf eine harte Probe gestellt. Stunde um Stunde verrann, während ich wie auf glühenden Kohlen saß und nicht in der Lage war, mich mit anderen Dingen zu beschäftigen. Ich begann mich bereits zu fragen, ob Herr Siebling überhaupt zurückrufen würde, als plötzlich das Telefon klingelte.

„Dr. Lutz“, meldete ich mich voller Erwartung.

„Hier Siebling. Bin ich da richtig?“, ertönte die Stimme eines Mannes, „haben Sie mit meiner Frau gesprochen wegen dem Herrn Thon?“ Mein Pulsschlag verdoppelte sich, denn ich spürte, ich war auf der richtigen Spur.

„Ja, das war ich.“

„Worum geht's denn, wenn ich fragen darf?“

„Ich wüsste gern, ob Daniel Thon eine Wohnung bei Ihnen gemietet hat?“

„Warum fragen Sie?“

„Ich bin Arzt“, erwiderte ich mit dem festen Vorsatz, so offen wie möglich zu sein. „Herr Thon ist unter, sagen wir, mysteriösen Umständen zu Tode gekommen. In seinen Aufzeichnungen fand ich Ihre Telefonnummer und hoffte, Sie könnten mir vielleicht weiterhelfen. Ich stehe in Kontakt mit der Polizei. Wir suchen nach Zeugen, die ihn am Freitag der vorletzten Woche noch gesehen haben. War er denn mit Ihnen verabredet?“

Ich konnte förmlich spüren, wie am anderen Ende der Leitung nachgedacht wurde.

„Herr Thon ist tot?“

„Ja.“

„Woher weiß ich denn, dass Sie tatsächlich der sind, für den Sie sich ausgeben? Und was haben Sie als Arzt mit der Sache überhaupt zu tun?“ Ich holte Atem.

„Ich war sein behandelnder Arzt. Es hieß, er habe Selbstmord begangen oder sei einem Unfall zum Opfer gefallen, aber einiges an seinem Tod passt nicht zu dieser Theorie. Die Polizei ist der Ansicht, dass er möglicherweise ermordet wurde, deshalb will ich herausfinden, wer ihn zuletzt gesehen hat.“ Mir war bewusst, dass ich mich auf dünnem Eis bewegte, doch das war mir in diesem Augenblick egal.

„Damit wollen wir nichts zu tun haben. Ich weiß von nichts!“

„Aber weshalb hatte er dann Ihre Telefonnummer notiert? Ist es möglich, dass ich Sie besuchen komme?“

„Ich sagte doch, ich weiß von nichts!“

„Hören Sie, niemand verdächtigt Sie, aber wir glauben, dass Sie ihn möglicherweise als einer der letzten lebend gesehen haben.“

„Lassen Sie mich in Ruhe!“ Ich spürte, dass er im Begriff war aufzulegen, und suchte verzweifelt nach einer Möglichkeit, das zu verhindern.

„Die Polizei ist - wie erwähnt - bereits eingeschaltet. Wenn Sie die Ermittlungen behindern, wirft das kein gutes Licht auf Sie.“

„Warum spreche ich dann nicht mit einem Polizeibeamten?“

Mein Gesprächspartner gehörte zur hartnäckigen Sorte. Aber wenigstens hatte er das Telefonat vorerst nicht beendet.

„Überlegen Sie doch mal, welcher Schaden soll Ihnen entstehen, wenn Sie mir Auskunft geben? Niemand will etwas von Ihnen, außer der Antwort auf die einfache Frage, weshalb Daniel Thon Ihre Telefonnummer notiert hatte, und ob Sie ihn am vorletzten Wochenende gesehen haben. Wenn Sie uns helfen, kann sich das nur positiv für Sie auswirken.“

Die Sprechmuschel wurde zugehalten; nur äußerst

schwach waren Stimmen am anderen Ende zu vernehmen. Dann meldete sich wieder der Mann.

„Er wollte unsere Wohnung mieten. Vor zwei Wochen hat er sie besichtigt und sie gefiel ihm.

Er machte einen guten Eindruck, ruhig, zuverlässig, also vereinbarten wir für den erwähnten Freitag den Übergabetermin, bei der Gelegenheit wollte er den Vertrag unterschreiben. Aber er kam nicht."

„Und Sie haben sich nicht gewundert? Sie haben nicht nachgefragt?" Ich spürte, dass ich zu erregt reagiert hatte.

„Ich weiß nichts", sagte er, „und es geht mich auch nichts an. Es war noch kein Vertrag unterzeichnet, und wir hatten keine Telefonnummer von ihm. Er wollte das nicht."

„Aber Sie müssen sich doch geärgert haben, als er einfach nicht auftauchte. Schließlich hatten Sie ja den anderen Bewerbern abgesagt. Das bedeutete doch zusätzliche Mühe für Sie." Mein Verständnis schien ihn etwas aufzutauen.

„Da haben Sie Recht", sagte er, „aber was sollten wir ohne Telefonnummer oder Adresse tun?

Außerdem rief am selben Abend gegen halb acht eine Frau bei uns an, die sagte, Herr Thon habe es sich anders überlegt. Es täte ihm Leid, er habe kurzfristig umdisponieren müssen."

„Und diese Frau hat am Freitag Abend mit ihnen telefoniert?", fragte ich fassungslos. „Sind Sie sicher?"

„Natürlich."

Die Tragweite seiner Worte nahm mir für einen Augenblick den Atem. Wer immer bei Sieblings angerufen hatte, musste zu diesem Zeitpunkt schon gewusst haben, dass Daniel den Übergabetermin nicht würde einhalten können. Dafür konnte es eigentlich nur eine Erklärung geben, doch noch weigerte ich mich diesen Gedanken zu Ende zu denken.

„Nannte sie denn ihren Namen?"

„Ich kann mich nicht genau erinnern. Wissen Sie, das kam alles sehr überraschend."

„Würden Sie denn die Stimme der Frau wieder erkennen?"

„Ich glaube nicht. Ich habe sie ja nur einmal am Telefon gesprochen."

„Und sie hat auch sonst nichts hinterlassen, keine Adresse, keine Telefonnummer?"

„Nein, wie ich schon sagte, der Anruf war alles, was ...", plötzlich unterbrach er sich, „das heißt, halt, vielleicht kann ich ihnen doch ...", er wandte sich vom Telefon weg, Wortfetzen waren zu vernehmen, doch ich konnte nicht verstehen, was gesprochen wurde.

„Hallo, sind Sie noch da?"

„Ja."

„Wissen Sie, wir haben ein ziemlich neues Telefon. Nicht nur mit Wahlwiederholung und so was, sondern auch mit einem Speicher für die Anrufe. Die Nummern der Leute, die bei uns anrufen werden gespeichert, wenn man zurückrufen will und so. Ich hab eben mit meiner Frau gesprochen. Sie hat den Speicher seit letzter Woche nicht gelöscht.

Wenn Sie einen Moment warten, lege ich jetzt auf und überprüfe den Speicher. Und dann rufe ich Sie zurück. Vielleicht kann ich Ihnen die Nummer durchgeben. Würde Ihnen das weiterhelfen?"

Mein Herz raste. „Natürlich", erwiderte ich, „ich wäre Ihnen zu größtem Dank verpflichtet."

Konfrontation

Es regnete. Dichter Nebel lag auf dem Land, und in der Dunkelheit schien die angestrahlte Kirche von Hochheim über dem Nichts zu schweben.

Ich wählte den Weg über die Autobahn nach Wiesbaden, obwohl er etwas länger war, denn ich gab mich der Illusion hin, mir durch diese zusätzlich gewonnenen Minuten endlich über meine Vorgehensweise klar werden zu können. Doch schon tauchte die Abfahrt, die ich zu nehmen hatte, vor mir auf, und ich war mit meinen Plänen keinen Schritt vorangekommen.

Als ich vor dem luxuriösen Haus hielt, drohte mich die Angst vor meiner eigenen Courage zu überwältigen. Einen Augenblick saß ich unschlüssig im Auto. Dann jedoch gab ich mir einen Ruck, stieg aus, trat rasch an die Tür und klingelte. Wenn ich jetzt nicht wie ein Halbwüchsiger beim Schellekloppen davonlaufen wollte, dann gab es kein Zurück mehr.

Längere Zeit verging auf mein Klingeln hin, dann meldete sich über die Gegensprechanlage eine Frauenstimme. „Wer ist da?“

„Ich bin es. Dr. Lutz“, erläuterte ich.

„Oh!“, erwiderte Christine Thon überrascht und die Tür öffnete sich.

„Das ist ja eine Überraschung. Zu so später Stunde. Hätten Sie sich doch angekündigt. Ernst ist nicht da. Er hält vor einem Gremium einen Vortrag. Sie wissen ja, seine Beförderung steht kurz bevor, da ist er noch mal ganz schön im Stress. Es kann lange dauern, bis er zurückkommt.“

„Eigentlich wollte ich mit Ihnen reden“, sagte ich. Ihr Erstaunen wuchs.

„Mit mir? Ja, ja natürlich“, sagte sie dann, „ist denn etwas passiert? Aber kommen Sie doch herein." Sie trat zur Seite. Nahezu das gesamte Parterre war hell erleuchtet. Sie bemerkte meinen Blick.

„Ich weiß, das ist Energieverschwendung, aber ich habe es nun mal abends gern hell, vor allem, wenn ich allein bin." Sie sprach völlig unbefangen, freundlich. Zuvorkommend bot sie mir einen Platz in einem der Ledersessel an.

„Was möchten Sie zu trinken? Wein, Sherry oder eher ein Bier?"

„Keinen Alkohol für mich", bat ich.

Sie ging in die Küche und brachte ein Glas mit Apfelsaft. Dann nahm sie mir gegenüber auf dem Sofa Platz. Im Glastisch zwischen uns spiegelte sich ihre fragile Figur. Sie beobachtete mich erstaunt.

„Was ist denn geschehen?", fragte sie mich, etwas beunruhigt jetzt. „Sie wirken ja völlig verstört. Kann ich denn etwas für Sie tun?" Ich schwieg noch immer. Plötzlich überkam sie Angst. Sie beugte sich zu mir herüber.

„Meinem Mann geht es doch gut?", fragte sie.

„Ja, ja", erwiderte ich, „natürlich." Erleichtert lehnte sie sich wieder zurück. Ich fasste mir ein Herz.

„Ich bin eigentlich wegen Daniel hier", sagte ich. „Ich wollte von Ihnen wissen, wann genau Sie ihn denn das letzte Mal gesehen haben?"

„Oh, gute Güte, das ist schon lange her. Das muss vor etwa vier Wochen gewesen sein. Er war zu Besuch hier."

„Ist denn damals etwas Besonderes vorgefallen, ist Ihnen etwas an ihm aufgefallen?"

„Nein. Aber wir haben auch nur ein paar flüchtige Worte gewechselt. Wir haben uns begrüßt. Ich fragte ihn, ob ich ihm einen Kaffee anbieten könne. Es muss ein Samstag- oder Sonntagnachmittag gewesen sein. Wenn Ihnen das so wichtig ist, kann ich das genaue Datum nachschauen."

„Nein, nein", ich wehrte ab, „es kommt auf einen Tag

mehr oder weniger nicht an. Ich wollte nur wissen, worüber er mit Ihnen gesprochen hat."

„Wie ich sagte, wir wechselten nur einige wenige Worte. Er wirkte erregt, wie in Eile, so wie Sie jetzt. Ohnehin war er gekommen, um mit meinem Mann zu sprechen. Aber auch das dauerte nicht lange. Er ist rasch wieder gegangen."

„Und Sie wissen auch nicht, worüber er mit Ihrem Mann sprach?"

„Mein Mann hat es mir nicht erzählt, und, ehrlich gesagt, ging es mich auch nichts an."

Ich fühlte mich völlig entwaffnet. Sie sprach so ruhig mit mir, nachdenklich, bemüht mir zu helfen. Sie zögerte nicht, wirkte nicht unsicher, nicht, als habe sie etwas zu verbergen.

„Wussten Sie, dass Ihr Mann ein Verhältnis mit Daniel hatte?"

Ihre Finger spielten mit dem Glas, strichen beinahe zärtlich über seine Rundung. Sie blickte mich sinnend an; in ihren tiefen blauen Augen war nichts zu lesen.

„Deshalb also sind Sie hier?"

„Sie wussten es?"

„Natürlich!"

„Natürlich?" Sie gestand so einfach, ohne jedes Leugnen? „Aber wie …, woher?"

„Ich bitte Sie! Das war doch nicht schwer zu bemerken. Und Daniel war beileibe nicht die erste Affäre meines Mannes."

„Aber, … aber, wie lange schon, ich meine …"

„Schon seit Monaten. Mein Mann ist in diesen Dingen so einfach zu lesen wie ein offenes Buch."

„Und Sie haben Ihren Mann nicht zur Rede gestellt?" Mein Erstaunen wuchs mit jeder ihrer so selbstverständlich gegebenen Antworten.

Ihr Lachen klang zerbrechlich, hintergründig zugleich.

„Sie kennen meinen Mann nicht. Das hätte keinen Sinn gehabt, denn er hätte nur auf stur geschaltet. Er hat sich schon so oft zum Narren gemacht, da kam es auf dieses eine Mal auch nicht mehr an."

Ich konnte nicht glauben, was ich da hörte. Sie sprach so ruhig und gefasst, als tauschten wir Allgemeinplätze über das Wetter aus und redeten nicht über die Bankrotterklärung ihrer Beziehung, womöglich ihres Lebens.

„Allerdings tat Daniel mir Leid. Ich habe ihn als einen jungen Mann von Prinzipien kennen gelernt, einen Romantiker würde ich ihn nennen. Er glaubte wahrscheinlich tatsächlich, er könnte Ernst für sich gewinnen oder gar an sich binden. Aber er hatte niemals die geringste Chance. Mein Mann würde mich niemals verlassen und schon gar nicht für eine seiner Affären. Dafür ist ihm seine Karriere viel zu wichtig." Sie musterte mich interessiert. „Wie haben Sie überhaupt von der Beziehung der beiden erfahren?", fragte sie mich.

„Durch einen Brief Ihres Mannes", stammelte ich.

„Sehr unvorsichtig von meinem Mann."

„Und weiß Ihr Mann denn, dass sie …"

„Nein, nein! Er hat nicht die geringste Ahnung. Er hält sich für besonders schlau. Und ich habe ihm diese Illusion stets gelassen. Wissen Sie, in mancher Hinsicht ist er wie ein großes Kind."

„Aber weshalb lassen Sie sich das bieten, weshalb ließen Sie sich all die Jahre derart demütigen?"

Sie warf mir einen langen nachdenklichen Blick zu.

„Weil ich ihn liebe, und weil er mich liebt, auf seine Art. Und das genügt mir." Sie zögerte.

„Und warum hätte ich mir das Leben selbst schwer machen sollen, indem ich ihn bloß stelle? Er hätte wie ein kleines Kind geschmollt. Wir hätten uns die Tage vergällt. So aber kommt er einfach zu mir zurück, als wäre nichts geschehen, als hätte es die Affäre mit Daniel niemals gegeben, er kommt immer wieder zurück.

Damals, ja damals, bei seiner ersten Affäre, da haben wir gestritten, da habe ich ihm Vorwürfe gemacht, habe geschrieen und geheult; wochenlang ging das so, aber ich habe ihn nicht verlassen. Obwohl er mir das angetan hatte, wollte ich nicht ohne ihn leben; lieber habe ich ihm verziehen."

Ihre Offenheit machte mich für einen Augenblick sprachlos. Dann jedoch sammelte ich mich, um jene Frage zu stellen, wegen der ich eigentlich gekommen war.

„Haben Sie am Freitag mit dem Vermieter von Daniels Wohnung telefoniert?" Meine Stimme klang in meinen eigenen Ohren fremd, so als hörte ich sie von ferne.

„Was für eine Wohnung?" Sie blickte mich verständnislos an. „Und warum sollte ich mit seinem Vermieter telefoniert haben?"

„Er wollte mit Ihrem Mann zusammenziehen. Er hatte für diesen Zweck eigens eine Wohnung gemietet." Ihr Mund verzog sich schmerzlich.

„Oh Gott, so schlimm stand es um Daniel! Das wusste ich nicht. Der arme Junge, so aussichtslos. Nie wäre mein Mann darauf eingegangen." Sie hielt kurz inne. „Aber nein, ich habe nicht mit seinem Vermieter telefoniert. Ich wusste nicht, dass Daniel von zuhause ausziehen wollte, dass er sich eine neue Wohnung genommen hatte, und ich glaube, dass mein Mann davon ebenfalls nichts wusste." Ich hätte ihr so gern geglaubt.

„Wo waren Sie am Freitagabend?"

Wieder sah sie mich einen Augenblick nachdenklich an, dann lächelte sie kühl.

„Ich verbrachte den größten Teil dieses Abends allein zuhause. Ernst kam erst gegen zehn Uhr von der Kaserne zurück."

Ich suchte nach Worten, doch Christine Thon kam mir

zuvor. „Sie wollen mich fragen, ob ich es für möglich halte, dass Ernst Daniel getötet hat? Darauf gibt es nur eine Antwort: Das ist völlig ausgeschlossen. Mit Worten und Drohgebärden, die auf seiner Position und Autorität fußen, kann Ernst schnell bei der Hand sein, aber er hat noch niemals jemandem auch nur einen einzigen Schlag verpasst. Dazu ist er nicht in der Lage.

Sie wollen mich natürlich auch fragen, ob ich dann vielleicht für ihn die Drecksarbeit erledigt habe. Auch darauf gibt es nur eine Antwort: Sie müssen sich Ihren Mörder woanders suchen. Das Motiv, das Sie entdeckt zu haben glauben, ist nämlich keines. Daniel hat zu keiner Zeit eine Bedrohung für unsere Ehe dargestellt. Ernst würde niemals auf seine Karriere oder auf mich verzichten wollen. Ich bin mittlerweile alt genug geworden, um Vertrauen in mich selbst zu haben." Sie musterte mich nachdenklich.

„Ich glaube, Sie haben Sylvia sehr gern; so ist es doch. Deshalb tun Sie das alles. Eines sollten Sie aber nicht vergessen. Womöglich hat Daniel doch Selbstmord begangen. Vielleicht hat er in einem lichten Moment begriffen, dass er sich eine Scheinwelt aufgebaut hatte, und konnte es nicht ertragen, dass all seine Wünsche und Vorstellungen von einem Augenblick auf den anderen in sich zusammenfielen."

Alles, was sie sagte, klang so selbstverständlich, so einleuchtend, doch ich hielt eine letzte Trumpfkarte in meinen Händen.

„Ihre Handynummer, Frau Thon, ist auf dem Telefon der Sieblings gespeichert, mit Datum und Uhrzeit des Anrufes. Herr Siebling ist sich sicher, er würde die Stimme jener Frau wiedererkennen, die in Daniels Namen anrief und die Übernahme der Wohnung absagte." Sie erhob sich, langsam, ohne Hast.

„Was wollen Sie damit sagen?" Ihr Antlitz wirkte für einen Moment wie in Bronze gegossen. Dann lachte sie. „Als was sind Sie eigentlich hier, als Arzt, als Freund, als Hobbydetektiv? Wahrscheinlich alles zusammen, vermute ich. Die Menschen können sich so schwer entscheiden. Sie wollen immer alles sein, alles können, alles haben."

Sie blickte aus dem Fenster, hinaus in den Nebel. „Ich wollte immer nur eines", sagte sie leise. „Ich hatte keine Angst davor, mich zu entscheiden." Sanft legte sie den Finger an die Schläfe, so als verspüre sie plötzlich Kopfschmerzen. „Ernst", sagte sie, „ich wollte immer nur Ernst, seine Frau sein, seine Geliebte, seine Vertraute."

Sie lächelte mich an; so zerbrechlich wirkte sie in diesem Moment, so entschlossen zugleich. „Ich habe ihm all meine Liebe geschenkt."

Sie saß nun wie erstarrt. Ihr Gesicht zeigte keine Regung, während die Worte über ihre Lippen kamen, leise aber deutlich. „All das ändert aber nichts daran, dass ich mit Daniels Tod nichts zu tun habe."

„Und was ist mit dem Anruf bei Sieblings, was ist mit Ihrem Handy?"

Sie sah mich lange an und der schmerzliche Zug um ihren Mund verstärkte sich. „Unglaublich, dass Liebe so viel Leid bereiten kann. Das werde ich wohl niemals begreifen." Sie legte vorsichtig ihre Fingerspitzen gegeneinander.

„An jenem Freitag hatte ich mein Handy verliehen."

Ich starrte sie fragend an. War das ein letzter Versuch, dem Unvermeidlichen zu entgehen?

„Und an wen hatten Sie ihr Handy verliehen?"

„An Sylvia."

Am Ende des Weges

Der Winter zeigte auch im Rosengarten sein grimmiges Gesicht, doch stellten die entlaubten Bäume ein Versprechen für den kommenden Frühling dar, ebenso wie die leeren Brunnen und die graubraunen Rosenbeete.

Ich fand Sylvia wie verabredet vor dem Vogelhaus, vertieft in den Anblick eines Pärchens von „Unzertrennlichen", jener afrikanischen Papageienart, die immer zu zweit auftritt und sich ein Leben lang treu bleibt.

„Hallo", begrüßte sie mich herzlich und umarmte mich. „Mir war nach frischer Luft", sagte sie, noch ehe ich sie fragen konnte, warum sie diesen Ort als Treffpunkt vorgeschlagen hatte. „Lass uns ein bisschen spazieren gehen! Ich habe die letzten Tage zu häufig im Haus verbracht."

„Wenn du meinst", erwiderte ich.

Sie wählte den Pfad zum Schachpavillon, an dessen beiden Seiten sich Lauben verbargen.

„Schön hier", sagte sie, „als Kinder waren Daniel und ich mit unseren Eltern öfter hier." Für einen Augenblick schien sie in Erinnerungen versunken.

„Also, was hast du herausgefunden?", fragte sie mich dann unvermittelt. „Hat Ernst endlich gestanden?" Ich lauschte dem Klang der Worte nach.

„Du hast ein Verbrechen begangen, Sylvia", sagte ich dann. Sie sah fragend zu mir hinüber, während sie langsam weiter ging.

„Ein schweres?", meinte sie, ob im Scherz oder im Ernst vermochte ich nicht zu sagen.

„Schwer genug", erwiderte ich. „Du hast einen Menschen ermordet."

Sie blieb abrupt stehen, wollte die Hände erheben, dann nickte sie langsam. „Das ist wohl richtig", erwiderte sie überraschend ruhig, „aus deiner Sicht." Meine Empfindungen überschlugen sich. Sie machte nicht einmal den Versuch, etwas abzustreiten. Ich brauchte einige Augenblicke, um mich wieder zu fassen.

„Und aus deiner Sicht?", fragte ich dann.

„Ich habe Daniel gerettet", erwiderte sie. „Ich habe ihm beigestanden und ihm geholfen, sogar bis zum Äußersten. Glaubst du nicht, mir brach das Herz, als ich ihm die Schlafmittel in den Kaffee tat? Glaubst du nicht, mir brach das Herz, als ich ihm vorschlug, ich könne ihn im Auto zur Wohnungsübergabe mitnehmen, als er auf dem Beifahrersitz einschlief und ich ihm das Insulin verabreichte? Es ist das Schwierigste, das höchste Opfer, das ein Mensch überhaupt nur bringen kann, den zu töten, den man über alles liebt."

„Aber warum? Warum hast du ihn getötet?"

„Um ihn zu retten."

„Wovor?"

„Vor dem Schlimmsten, was einem Menschen widerfahren kann, davor, sich zu verirren, sich für immer zu verlieren.

Er hat mir alles erzählt, was er vorhatte, von Ernst und der Wohnung, sehr spät zwar, so dass mir nicht viel Zeit blieb, aber ich habe dennoch die Dinge für ihn in Ordnung gebracht."

„Sylvia, du bist verrückt! Du brauchst Hilfe! Du hast gar nichts für Daniel getan, du hast ihm sein Leben genommen, das noch vor ihm lag." Sie lachte kurz, ein hartes, bitteres Lachen.

„Wie wenig ihr doch versteht, ihr alle miteinander. Selbst Daniel verstand zuguterletzt nicht mehr. Alles geschah zu seinem Wohl. Ich habe ihn immer geliebt. Ich konnte ihm nicht wehtun. Aber ich durfte auch nicht zulassen, dass andere ihm Schmerzen zufügten oder gar er sich selbst. Und er war im Begriff, sich selbst weh zu tun."

„Woher willst du das wissen?"

„Weil ich die einzige war, die sich wirklich selb
Daniel kümmerte. Niemand konnte ihm das geben,
ihm gab, also wäre es verrückt gewesen, mich zu verlassen, ja geradezu gefährlich. Ich musste es um jeden Preis verhindern. Aber nicht einmal Daniel wollte verstehen, dass es unumgänglich war, dass er bei mir blieb. Was sollte ich also tun? Ich musste ihn retten."

Sie blieb stehen und blickte sinnend in die Ferne. Am Flamingoteich vorbei hatten wir den Rand des Rosengartens erreicht. Unter uns lag Mainz und in der Ferne waren jenseits des Rheins die Hochhäuser von Hochheim zu erkennen, während neben uns eine Eisenbahn vorbeiratterte.

„Und ich war dein Werkzeug?", fragte ich, „um dich an Ernst Thon zu rächen?"

„Das war anfangs nicht geplant. Ich hatte angenommen, dass es ausreichen würde, Daniel zu retten, damit alles seine Richtigkeit hatte, und ihm dann zu folgen.

Doch ich hatte mich geirrt. Den Schmerz vermochte ich zu ertragen, obwohl er mich zerriss, aber plötzlich spürte ich, dass der Gerechtigkeit noch nicht Genüge getan war. Der, der mich zu diesem Schritt gezwungen, der mir Daniel entfremdet hatte, um ihn ins Unglück zu stürzen, konnte doch nicht ungestraft davon kommen. Aber welche Strafe hatte er verdient? Ihn zu töten, hätte auf gewisse Art und Weise bedeutet, ihn und Daniel zu vereinen.

Nein, sein Leben musste zerstört werden, seine Karriere, seine Ehe. Da fiel mir jener Brief wieder ein, von dem Daniel mir erzählt hatte; dieser würde das Mittel sein, um Ernst zu verderben, doch so sehr ich auch Daniels Habseligkeiten durchsuchte; der Brief war nicht aufzutreiben. Das konnte nur bedeuten, dass er sich noch irgendwo in der Kaserne befinden musste, doch wo?

Ich wusste an diesem Punkt nicht weiter, ich war verzweifelt. An jenem Abend bestellte ich dich zum ersten Hausbesuch. Ich verstand nicht sofort, was unsere Begegnung bedeutete, doch dann wurde es mir klar. Du konntest und würdest mein Werkzeug der Rache sein. Alles ergab sich wie von selbst. Du hast den Brief für mich gefunden. Das alles nun seine Richtigkeit hat, verdanke ich auch dir."

„Wo ist der Brief jetzt?"

„Alle wichtigen Zeitungen haben ihn in Kopie mit einigen zusätzlichen Informationen von mir erhalten. Selbst wenn es Ernst gelingen sollte, sich reinzuwaschen, werden seine Laufbahn und seine Ehe unwiderruflich zerstört sein. Sein Leben ist nurmehr ein einziger Scherbenhaufen. Er weiß es nur noch nicht."

Sie schwieg. Von jenseits leuchteten die Lichter Kostheims über den Rhein. Ein dunkler Schatten, ein immenser Lastkahn, bog gemächlich vom Main in den Rhein.

„Sylvia, du bist sehr krank", sagte ich, „du lebst in einer Wahnwelt. Lass dir helfen."

Sie lachte bitter.

„In einer Wahnwelt? Ich weiß, was ich getan habe und tun werde. Ich habe keinen Zweifel. Alles ist an seinem Platz, es muss so sein. Aber du, du spielst einen Soldaten und Detektiv und verliebst dich in eine Mörderin. Wer von uns lebt nun in einer Wahnwelt?"

„Ich kann zurückkehren", erwiderte ich.

„Niemals konnte ich das, niemals." Für einen Augenblick wirkte sie müde, als verlasse sie die Kraft. „Das Wichtigste", sagte sie dann, „ist, dass ich mit Daniel für immer zusammen sein werde und niemand uns mehr trennen kann."

In einer einzigen fließenden Bewegung wandte sie sich um und begann zu laufen. Obwohl ich sofort begriff, schien es endlos zu dauern, bis ich mich in Bewegung setzte. Schon erreichte sie die Absperrung der Eisenbahngleise, überkletterte sie. Ich griff nach ihr, wollte sie zurückhalten, da plötzlich blendete mich grelles Licht, und in meinen Ohren schmerzte die Sirene des Zuges, der auf uns zuraste. Für einen Augenblick berührten meine Finger die ihren, dann sprang sie und nichts blieb von ihr, als ein schmaler, stürzender Schatten vor einer infernalischen Kulisse aus Licht und Lärm.

Wiederkehr

Als ich vor meiner Praxis ausstieg, konnte ich die Bäume in der Straße riechen. Gedankenverloren stand ich vor dem Schild an der Tür meiner Praxis. Geschlossen stand dort, vom 14.01 bis zum 25.01 ist die Praxis geschlossen.

„Doktor", hörte ich plötzlich eine Stimme neben mir, „Doktor, meine Güte, hören Sie mich denn nicht?" Ich wandte mich um. Erna betrachtete mich aufmerksam aus ihren wachen, flinken Augen.

„Geht es Ihnen nicht gut?", fragte sie.

„Doch, doch", beteuerte ich. „Und Ihnen?"

„Hä?", machte sie.

„Wie geht es Ihnen?", brüllte ich so laut, dass es auch der letzte Langschläfer in der Straße gehört haben musste.

„Na ja, 's geht so, isch kumm grad vom Friedhof. Des nasskalde Wedder setzt mei Knoche ganz schee zu. Abber solang isch noch de Weech zum Friedhof schaff und maane Liebe besuche kann, soll's mir recht soi. Ich bin jedde Tach emal drauße."

Ich nickte zustimmend. Schon wollte ich ihr einen schönen Tag wünschen und mich zum Gehen wenden, als ihr plötzlich noch etwas einfiel. Sie griff mit eiserner Hand nach meinem Arm und zog mich zu sich herab.

„Abber, was glaube Se, was mei Neffe mit mir vorhat. Der will misch in die Klapsmühl bringe. Emal hatt er schon versucht misch zu vergifde." Sie zwinkerte mir verschwörerisch zu.

„Wissen Sie was", sagte ich, „ich beende meinen Urlaub vorzeitig und mache heute schon die Praxis wieder auf. Wenn Sie wollen, können Sie sofort einen Termin haben. Sie sind die Erste."

Sie strahlte mich an. „Ei, des freut misch. Se könne sisch

gar nit vorstelle, wie isch Se scho vermisst han.“

„Und ich Sie erst“, erwiderte ich. „Und ich Sie erst.“

Vom selben Autor:

In der Festung Berggart leben die Menschen seit Jahrzehnten von der feindlichen Außenwelt abgeschlossen. Zwei jungen Steinmetzgesellen gelingt es heimlich in den verbotenen, äußeren Befestigungsring der Stadt zu gelangen.

Als wenig später herauskommt, dass eine Gruppe von Verschwörern zu den äußeren Feinden überlaufen will, wird aus dem neugierigen Spiel ein gefährliches Abenteuer. Nicht nur das Wohl der Stadt sondern auch ihr eigenes Leben hängt davon ab, ob es ihnen rechtzeitig gelingt, die Pläne der Verschwörer zu durchkreuzen.

ISBN 3-8330-0257-3

€ 15,90

Vom selben Autor:

Mit einem verzweifelten Sprung ist Gereon die Flucht aus Berggart gelungen. Nun aber befindet er sich in einer fremden Welt voller Geheimnisse und Gefahren. Was ist aus der unbesiegbaren Horde geworden, die doch die Festung angeblich seit Jahrzehnten belagert? Ein langer Weg liegt vor Gereon. Welche Rolle spielen dabei die Wegelagerer, denen Gereon in die Hände fällt und die so milde mit ihm verfahren, ihm sogar helfen? Was führen die Ritter vom Berge im Schilde und was verbirgt sich in den Tiefen ihres Labyrinths? Und welcher Art ist der Zauber, über den Melusine verfügt? Noch bevor Gereon aber den Geheimnissen auf den Grund gehen kann, ist er bereits von neuem gezwungen um sein Leben zu kämpfen. Denn schon hat sich „das Siegel", ein geheimnisumwitterter und gefürchteter Meuchelmörder in den Diensten des Herzogs von Krangat an seine Fersen geheftet.

ISBN 3-8334-1570-3

€ 15,90

Vom selben Autor:

Nach Jahren begegnet sich ein Paar wieder; er ist ihrer Einladung zu einer Reise gefolgt. Was aber bezweckt sie mit dieser Reise? Entspringt sie allein der Erinnerung, oder stellt sie womöglich ein Versprechen dar, einen neuen Beginn? Von den Wüsten Arizonas führt sie ihr Weg zu den Gletschern Columbias, von der Küste des Pazifik in die Schluchten New Yorks. Sie erfahren, was es mit dem Ruf des Eistauchers auf sich hat, wie man lernt, Grizzly-Bären nicht zu sehen, welche Kraft Kivas innewohnt ... und vieles andere mehr. Dabei nähern sie sich einander wieder an. Gibt es eine zweite Chance für ihre Liebe? Am Ende der Reise müssen sie sich entscheiden.

ISBN 3-8330-0456-8

€ 9,90

Tödliches Finale **von Reinhard Boos**

Für den beliebten Fußballverein geht es um alles - um den Aufstieg in die Erste Liga. Doch vier Tage vor dem entscheidenden Spiel verschwindet der Torjäger spurlos. Ein Wettlauf mit der Zeit beginnt. Kommissar Fuchs begegnet bei seinen Nachforschungen einem Teufelskreis aus Existenzangst, Machtbesessenheit und Geldgier.

In seinem zweiten Kriminalroman führt Reinhard Boos den Leser in die Welt des Profisports und Journalismus und lässt Machenschaften und Abhängigkeiten erkennen, die weit über den Fall hinausreichen.

„In ‚Tödliches Finale' ermittelt wiederum Kommissar Siegfried Fuchs, sein Assistent ist Florian Frischlin, und auch die mittlerweile von der Lokal- in die Sportredaktion versetzte Journalistin Ina Meusel ist eine bekannte Figur. Konstruiert hat Boos seine neue Story rund um das dramatische Aufstiegsfinale zwischen Eintracht Frankfurt und Mainz 05.

Frankfurter Allgemeine Sonntagszeitung

Nach seinem ersten erfolgreichen Titel ‚Tod im Stadion' führt sein neues Buch den Leser erneut in die Welt des Fußballs. Mit viel Insider-Wissen gewährt er einen Blick hinter die Kulissen, zeigt Abhängigkeiten und Verquickungen in der Welt von Glücksspiel, Wetten, Fußball und Journalismus. Boos lässt seinen Roman nicht nur in Mainz und Umgebung spielen, sondern führt den Leser auch nach Freiburg, natürlich nach Frankfurt ins Waldstadion und nach Kaiserslautern, wo ein alternder Star, unschwer als Mario Basler zu identifizieren, seinen Abschied gibt, bevor er in die Wüste geschickt wird. Boos gelingen eindrucksvolle Fußball-Reportagen und darüber hinaus tiefe Blicke in die Seele leidender, mitfiebernder Fans. Drumherum strickt der Autor geschickt ein Gewebe verschiedener Handlungsstränge, die zum Schluss in einem grandiosen Showdown zusammengeführt werden.

Allgemeine Zeitung

10,95
ISBN 3-9808820-0-4

Erschienen im Rheinlese Verlag
Selztalstrasse 80 55218 Ingelheim Fon: 06132/3673

Auf dem Bruchweg von Hans-Martin Schmitz

Lyrisches zu Mainz 05.....Der bekennende 05er Fan Schmitz fasst die Jahre 2002 bis 2004 mit all ihren Höhen und Tiefen in gedichtform zusammen und erlaubt so eine Zeitreise zurück zu den wichtigsten Stationen bis zum Aufstieg in Liga 1. Ein Muß für alle Mainz 05 Fans

„Einen Fußballrasen mit Lyrik gießen? Aber sicher. Er gedeiht. Jeder Gedanke ist ein Steilpass. Und wisst ihr was? ‚s macht Spass.

Christian Döring (SWR)

„Schmitz (...) öffnet seine Seele und macht aus seinem Herzen keine Mördergrube. Er lässt sich damit tragen von der gigantischen Welle der Sympathie und Zustimmung für den Verein am Bruchweg und verleiht dessen Fans eine Stimme."

Allgemeine Zeitung

6,05 Euro
ISBN 3-9808820-3-9
mit Zeichnungen von Klaus Wilinski

Erschienen im Rheinlese Verlag
Selztalstrasse 80 55218 Ingelheim Fon: 06132/3673